ISBN 978-2-07-061211-6

Loi n° 49-956 du 6 juillet 1949 sur
les publications destinées à la jeunesse
Dépôt légal : octobre 2009
N° d'édition : 148758
Photogravure Scanplus
Imprimé et relié en Espagne par Egedsa

Tothème

# Le Moyen Âge

Dimitri Casali
Antoine Auger

GALLIMARD JEUNESSE

# COMMENT ÇA MARCHE ?

## FAMILLE DATE

Batailles, couronnement, baptême, épidémie, croisades, découvrez les grandes dates qui ont marqué des tournants dans l'histoire du Moyen Âge.

## FAMILLE LIEU

Du mont Athos à l'Alhambra, les grands lieux d'échanges culturels ou commerciaux qui ont compté en Europe

## FAMILLE INVENTION

Poudre noire, feu grégeois, arc anglais, etc. les grandes inventions qui ont révolutionné les techniques de combat!

## FAMILLE PERSONNAGE

Des hommes, des femmes, des chevaliers, des paysannes, des sultans, des rois, tels sont les grands personnages dont le courage et la tenacité ont façonné le Moyen Âge.

## FAMILLE RÔLE

Paysans, roi, marchand, chevalier, moine, etc. la société médiévale se compose de différents acteurs dont le rôle plus ou moins prédestiné était parfois difficile à jouer!

## FAMILLE PATRIMOINE

De la mosaïque de Ravenne au Roman de la table ronde visitez les principaux héritages patrimoniaux matériels ou immatériels que nous a légués le Moyen Âge.

## FAMILLE ANIMAL

Renard, licorne, éléphant et pure sang, ces animaux mythiques ou réels ont fasciné les gens au Moyen Âge.

## FAMILLE NOTION

De la féodalité à la courtoisie les grandes notions qui réglementaient les relations entre les êtres humains

## FAMILLE SYMBOLE

Aujourd'hui encore ils sont présents.

Si tu aimes les exposés structurés et chronologiques (commencer par le début et terminer par la fin) : parcours ton livre de 1 à 60!

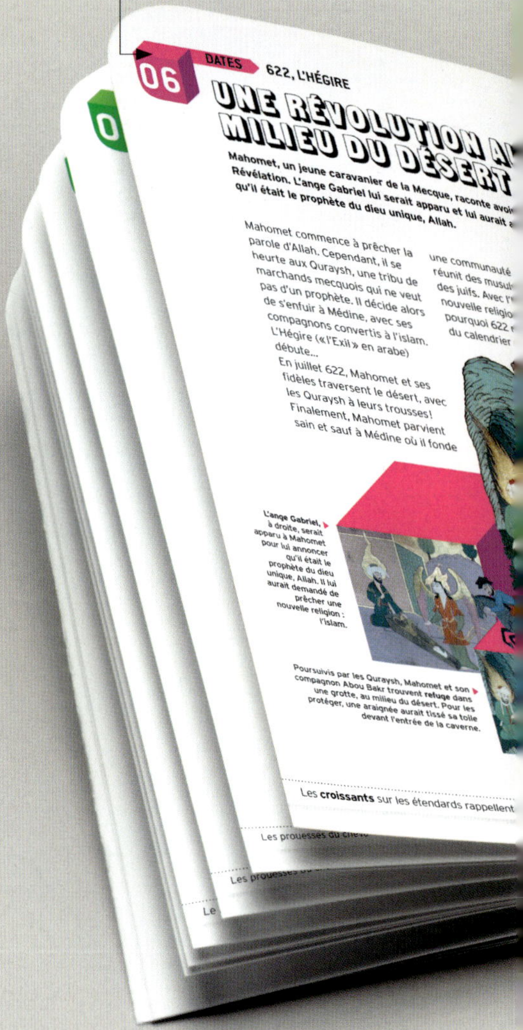

Chaque entrée est classée de 1 à 60. La couleur du cube indique à quelle famille elle appartient

Nom de la famille

Nom de l'entrée

Si tu es perdu, reporte-toi au sommaire (page suivante) ou bien ouvre le dernier rabat : il te permet à tout moment de retrouver les 60 sujets, classés par thème.

Si tu préfères naviguer au fil de ta curiosité et créer des liens entre les sujets – parfois surprenants et inattendus ! – : suis les indications en bas de page.

Enfin, si tu connais à l'avance le sujet qui t'intéresse (ou si tu dois faire un exposé) : tu peux directement aller voir l'index à la fin du livre.

# OÙ TROUVER L'INFORMATION ?

Ce parcours fléché de 1 à 60 permet de bien visualiser les moments-clés du Moyen Âge, qui dura plus de 1000 ans.

Les dates, les personnages, les inventions ou les chefs-d'œuvre du patrimoine sont classés par ordre **chronologique**. Les autres sujets, plus **thématiques** (notion, animal, symbole, lieu, rôle) donnent au fil du livre des repères essentiels pour mieux comprendre le contexte social, culturel ou géographique de cette période fascinante.

# UN ÂGE PAS SI MOYEN

**Le Moyen Âge fut longtemps considéré comme une longue époque de violence et d'ignorance, entre la Chute de l'Empire romain et la découverte de l'Amérique. Aujourd'hui, il nous est présenté comme l'âge d'or du merveilleux. La réalité est plus complexe… et passionnante.**

Oublie ta *Play Station*© car c'est une autre aventure qui t'attend, un voyage de 1000 ans dans le temps et dans l'espace. Tu parcourras mille lieux étranges, des déserts brûlants d'Arabie jusqu'à l'Islande, de l'Occident jusqu'en Terre sainte, au fil des Croisades, de Constantinople jusqu'en Chine, le long des routes de la Soie. Tu visiteras des châteaux forts, des églises, des mosquées et des villes grouillantes.

Change de super-héros!… Viens voir les chevaliers fracassant leurs lances pendant un tournoi, les commerçants déballer leurs marchandises sur quelque place de Champagne, les ouvriers de l'arsenal de Venise s'affairant dans la poussière et les moines copier patiemment des manuscrits dans les monastères vertigineux du mont Athos.

Mais passe ton chemin lorsque tu verras les coquillards car ils sont très dangereux…

Pas de GPS ni de portable dans ce monde-là! Ce livre te donnera les clés du Moyen Âge. Quelles sont les règles du jeu entre un seigneur et son vassal? Quels sont les superpouvoirs du pape? D'où le roi de France tire-t-il sa puissance ? Léopards, lys, aigles… Tu apprendras à décoder les blasons, ces logos de l'époque. Tu sauras manier le puissant arc anglais, véritable mitrailleuse du Moyen Âge, tu seras initié aux secrets de la poudre noire et du feu grégeois, cette arme de destruction massive.

Tu découvriras comment Guillaume le Conquérant a conquis l'Angleterre, comment les Vikings ont débarqué les premiers en Amérique et qui a gagné la guerre de Cent Ans…

Il ne te reste plus qu'à entrer dans l'histoire, ce jeu vidéo grandeur nature!

À MOI, EXCALIBUR !

01 DATE 476, LA CHUTE DE L'EMPIRE ROMAIN

# UN MONDE À RECONSTRUIRE

**476 est admise pour être le point de départ du Moyen Âge. En effet, à la chute de l'Empire romain d'Occident, l'Europe de l'Ouest est une mosaïque de petits royaumes indépendants qui s'organisent petit à petit.**

**Que s'est-il passé ?**
Dès 406, les peuples germaniques des Vandales, Suèves, Burgondes et Alamans franchissent la frontière orientale et envahissent l'Empire romain. Les légions impériales sont rapidement enfoncées. Disséminées tout au long d'une maigre ligne de défense fortifiée, elles sont principalement constituées de Barbares.
Au début, ceux-ci jouent leur rôle de mercenaires et de défenseurs, mais bientôt, conscients de leur force, ils prennent le pouvoir politique sur les territoires qu'ils occupent. Après 455, les empereurs romains d'Occident ne possèdent plus la moindre autorité. Ils ne sont que des marionnettes entre les mains des chefs barbares germaniques qui commandent l'armée romaine. C'est finalement l'un d'eux, Odoacre, qui renverse le jeune empereur Romulus Augustule, à la fin de l'été 476. Odoacre prend alors le titre de roi et renvoie les insignes impériaux à Constantinople, dans l'empire d'Orient. Par ce geste, il met fin à l'Empire romain d'Occident. Ce dernier, comme un « big bang », explose en mille morceaux !

**Pourquoi retient-on cette date ?**
L'effondrement de l'Empire romain fait place à une nouvelle ère qui s'organise petit à petit autour de l'Église, seule autorité restée en place. En l'absence de pouvoir centralisé, les liens se font directement d'homme à homme pour aboutir à un nouvel ordre de la société : la féodalité.
Les peuples barbares rassemblent environ 100 000 personnes, soit à peine 5 % de la population des territoires où ils s'installent. Déjà christianisés pour la majorité d'entre eux, ils n'aspirent qu'à une chose : profiter des bienfaits de la civilisation romaine ! C'est le début d'une lente assimilation qui pose les fondements d'une société nouvelle.

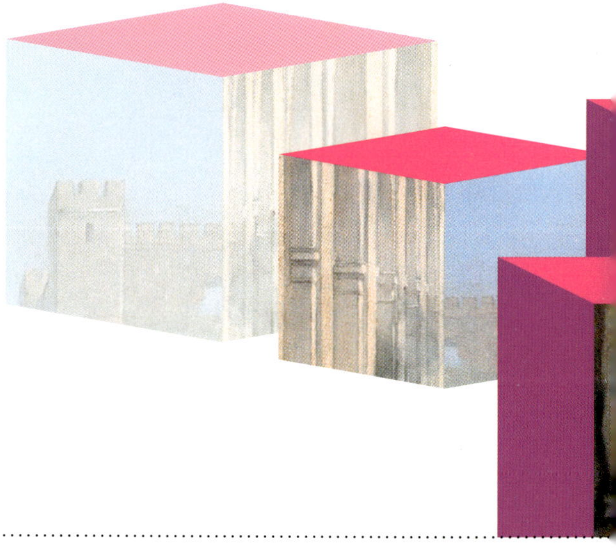

Après la chute de l'Empire romain d'Occident, l'empire d'Orient avec Constantinople pour capitale reste debout

# 476

Soixante-six ans avant la chute de Rome, la capitale romaine fut pillée par les Wisigoths. En 410, ces Barbares, conduits par leur chef Alaric, ont incendié les monuments et abattu les statues des dieux et des empereurs.

Après trois jours de pillages, les Wisigoths quittent la ville, traînant derrière eux des milliers de Romains, enchaînés, réduits à l'esclavage. Rome perd la moitié de sa population, soit 400 000 habitants !

encore mille ans, jusqu'en **1453**, date où la ville tombe aux mains des Turcs.

→ 60

# SOUVIENS-TOI DU VASE DE SOISSONS !

**Parmi les différents peuples barbares germaniques ayant envahi l'Empire romain, les Francs sont les plus farouches. Installés à l'embouchure du Rhin, ils sont dirigés par un roi ambitieux, Clovis !**

Le vase de Soissons ?

Le vase de Soissons a aujourd'hui disparu mais il devait ressembler à celui-ci ! Son histoire reste très présente dans l'enseignement car elle révèle la mentalité franque et évoque la répartition égalitaire du butin entre guerriers selon la vieille loi franque.

## Une anecdote fracassante

En 486, après une victoire près de Soissons, Clovis pille une église. Au moment du partage du butin, il veut rendre le vase à l'évêque. L'armée approuve sa décision, excepté un de ses guerriers qui lui dit : « Tu n'auras comme nous que ce que le sort te donnera. » Il brise alors le vase d'un coup d'épée. Un an après, alors que Clovis passe en revue son armée, il reconnaît le soldat qui avait frappé le vase et lui dit : « Personne n'a d'armes aussi mal tenues que les tiennes. » Il saisit sa hache et lui fend le crâne en s'exclamant : « Voilà ce que tu as fait au vase de Soissons. »

Cette anecdote comporte quelques erreurs historiques : le pillage n'a pas eu lieu à Soissons mais à Reims même si le butin fut partagé à Soissons ; le vase ne fut pas cassé mais cabossé...

Contrairement à la **mosaïque de Ravenne**, le vase de Soissons n'est plus visible. → 04

# UN BAPTÊME STRATÉGIQUE

**Clovis est le premier roi barbare à adopter le christianisme en 496 sous l'influence de sa femme, la très catholique princesse burgonde Clotilde.**

Clovis épouse Clotilde, nièce de Gondebaud, le roi des Burgondes, vers 493. Trois ans plus tard, lors de la guerre contre les Alamans à Tolbiac, l'armée franque est sur le point d'être battue. Désespéré, Clovis s'écrie alors : « Dieu de Clotilde, je croirai en toi si tu me donnes la victoire ! » À ce moment, selon la légende, le roi des Alamans est tué d'une flèche et ses guerriers fuient en désordre. Clovis est vainqueur. Fidèle à sa promesse, il se fait baptiser par l'évêque de Reims, saint Rémi.

« Dépose humblement tes colliers, fier Sicambre ! Adore ce que tu as brûlé et brûle ce que tu as adoré. »

Ce baptême très stratégique marque le début de l'alliance entre la monarchie franque et l'Église. Le souverain règne au nom de Dieu, et seuls ses descedants directs peuvent prétendre au trône.

La dynastie des Mérovingiens sera remplacée par les descendants d'**Hugues Capet**. → 21

CHEF-D'ŒUVRE MOSAÏQUE DE RAVENNE

# 04 TRÉSORS DE RAVENNE

**En 540, les armées de l'empereur byzantin Justinien reprennent la ville aux Goths. Ravenne devient alors le plus grand centre politique et religieux de l'Italie.**

### À la gloire de Dieu !

Empereur particulièrement pieux, Justinien n'a eu de cesse de couvrir son royaume d'un manteau d'églises destinées à chanter la gloire de Dieu. Ravenne, résidence du gouverneur général d'Italie, n'échappe pas à cette fièvre bâtisseuse. En quelques années, un banquier de la ville, Julien l'Argentier, finance la construction de trois églises majeures : Saint-Vital (547), Saint-Apollinaire (549) et Saint-Michel (545). Construites en briques selon un plan basilical d'inspiration occidentale, elles renferment le plus bel ensemble de mosaïques des Ve et VIe siècles.

### Un sujet politique

D'inspiration religieuse classique, les mosaïques reprennent les grands thèmes bibliques comme le baptême du Christ. L'art byzantin s'y exprime pourtant aussi avec les deux tableaux de Justinien et de Théodora dans l'église Saint-Vital. Julien l'Argentier est connu pour sa grande dévotion à la famille impériale, aussi a-t-il tenu à ce que Justinien soit représenté en majesté alors même qu'il ne serait peut-être jamais venu à Ravenne !

La mosaïque de Ravenne

La ville de Ravenne reste la capitale de la province byzantine jusqu'en 751. Mais après **800**, lors du règne de

Général Bélisaire,
le conquérant de l'Italie

Justinien, nimbé d'une auréole selon la tradition byzantine, est en train de présenter une patène d'or, vase sacré en forme de plat.

L'évêque Maximin

Les églises de Ravenne renferment de véritables trésors comme la mosaïque du chœur de Saint-Vital. L'artiste a soigné les portraits dans la tradition romaine. Les tesselles (éléments de base de la mosaïque) d'or ont été inclinées de façon à accrocher la lumière rendant l'ensemble saisissant. La technique de la frise est héritée de la Grèce et de la Mésopotamie. Les visages sont de vrais portraits.

Charlemagne, elle connaît une longue éclipse avant de renaître au Xe siècle. →

# LE BEST-SELLER DU MOYEN ÂGE

**Au Moyen Âge, tout le monde ne les lit peut-être pas, mais tout le monde les connaît ! Les exploits d'Arthur et de ses chevaliers sont dans toutes les têtes.**

**Quelles sont ses origines ?**
Inspiré par un obscur chef de guerre qui se serait illustré au VI<sup>e</sup> siècle en repoussant les Saxons qui tentaient d'envahir la Grande-Bretagne, le personnage d'Arthur devient au XII<sup>e</sup> siècle une véritable légende. La littérature courtoise qui fait alors fureur trouve en lui son meilleur représentant. Roi guerrier et grand défenseur de la cause bretonne, il incarne le modèle du souverain courtois, doté de toutes les vertus.

**Une étoile est née...**
Sa consécration suivra grâce à Chrétien de Troyes qui, au fil de ses œuvres, fixe les bases des romans arthuriens. Il est notamment le premier à faire de la quête du Graal la grande mission des chevaliers du roi Arthur... Les hommes et les femmes du Moyen Âge suivent avec passion leurs exploits toujours plus grands. Et les rois d'Angleterre se réclament du roi Arthur pour assurer leur pouvoir.

Les **chevaliers** de la Table ronde constituent un ordre au service du roi Arthur dont le royaume s'étend sur les deux Bretagne. Leur mission, révélée par Merlin l'Enchanteur, représenté ici par Waly Disney, est de retrouver le Graal, la coupe qui aurait recueilli le sang du Christ et qui aurait des pouvoirs magiques.

**Les adaptations ?**
Le succès de la légende arthurienne se perpétue jusqu'à nos jours et touche toutes les générations. Elle fut adaptée en dessins animés, jeux vidéo, jeux de rôle, films hollywoodiens. Elle est également à la base de la *medieval fantasy*, un genre qui reprend tous les ingrédients des romans de la Table ronde.

Les prouesses du chevalier Lancelot du Lac accomplies par amour pour la belle Guenièvre, la jeune épouse du roi

Cette enluminure représente le roi Arthur et ses chevaliers assis autour de la fameuse **table ronde.** Cette forme symbolise la fraternité et l'égalité entre les chevaliers. D'après différentes sources, ils étaient entre 170 et 180 chevaliers.

Les chevaliers de la Table ronde ont beaucoup inspiré le cinéma américain. De nombreuses superproductions ont vu le jour, comme *Ivanhoé* de Richard Thorpe et *Excalibur* de John Boorman qui sont aujourd'hui des chefs-d'œuvre du genre.
On voit ici l'acteur Clive Owen dans le rôle du roi Arthur. Bien que souhaitant restituer la véritable histoire du roi Arthur, ce film comporte quelques incohérences. Il restitue néanmoins toute la magie de cette saga.

Le roman de la Table ronde

Aventures, gloire, magie, amour, sont les ingrédients de cette **épopée** dont les personnages principaux, Arthur, Lancelot du Lac, Perceval, Merlin, Guenièvre, Morgane... sont devenus de vrais héros.

Arthur, illustrent l'influence de l'**amour courtois** qui se développe au XIIe siècle. →

**DATE** 622, L'HÉGIRE

# 06 UNE RÉVOLUTION AU MILIEU DU DÉSERT !

**Mahomet, un jeune caravanier de La Mecque, raconte avoir eu une Révélation. L'ange Gabriel lui serait apparu et lui aurait annoncé qu'il était le prophète du dieu unique, Allah.**

Mahomet commence à prêcher la parole d'Allah. Cependant, il se heurte aux Quraysh, une tribu de marchands mecquois qui ne veut pas d'un prophète. Il décide alors de s'enfuir à Médine, avec ses compagnons convertis à l'islam. L'hégire (« l'exil » en arabe) débute...

En juillet 622, Mahomet et ses fidèles traversent le désert, avec les Quraysh à leurs trousses ! Finalement, Mahomet parvient, sain et sauf, à Médine où il fonde une communauté de fidèles, qui réunit des musulmans mais aussi des juifs. Avec l'hégire naît une nouvelle religion, l'islam. C'est pourquoi 622 marque le début du calendrier musulman.

❶ **L'ange Gabriel,** à droite, serait apparu à Mahomet pour lui annoncer qu'il était le prophète du dieu unique, Allah. Il lui aurait demandé de prêcher une nouvelle religion : l'islam.

❷ Poursuivis par les Quraysh, Mahomet et son compagnon Abou Bakr trouvent **refuge** dans une grotte, au milieu du désert. Pour les protéger, une araignée aurait tissé sa toile devant l'entrée de la caverne.

❸ En **630**, Mahomet et ses compagnons conquièrent La Mecque et détruisent les statues des vieilles idoles païennes.

Les **croissants** sur les étendards rappellent que le calendrier musulman est lunaire. →

INVENTION FEU GRÉGEOIS

# 07 UNE ARME FOUDROYANTE

**Pendant plusieurs siècles, les Byzantins ont fait régner la terreur en Méditerranée orientale. Ils disposaient en effet d'une arme terrible, dont la recette sera gardée secrète par tous les empereurs.**

Inventé au VIIᵉ siècle par le Grec Callinicos, le feu grégeois est un mélange explosif à base de naphte, de soufre, de salpêtre et de bitume. L'empereur byzantin Constantin IV équipe aussitôt ses navires de guerre de cette nouvelle « arme de destruction massive ».

Sur les ponts des bateaux, il fait installer des tubes de plomb ou de cuivre, qui permettent de projeter le liquide enflammé sur l'ennemi.

Au XIVᵉ siècle, la **poudre à canon** prendra le pas sur cette arme. → 56

LIEU CORDOUE

# 08 LA PERLE ANDALOUSE

**Conquise en 711 par les Arabes, la ville de Cordoue devient sous leur domination l'une des plus magnifiques de l'Europe médiévale.**

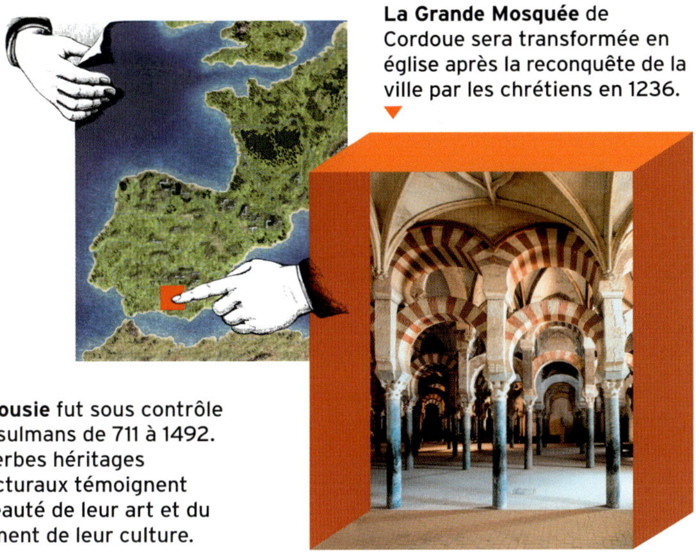

**La Grande Mosquée** de Cordoue sera transformée en église après la reconquête de la ville par les chrétiens en 1236.

**L'Andalousie** fut sous contrôle des musulmans de 711 à 1492. De superbes héritages architecturaux témoignent de la beauté de leur art et du raffinement de leur culture.

Devenue le siège d'un califat, Cordoue attire dès le Xᵉ siècle tous les plus brillants savants. Ils viennent étudier dans sa bibliothèque ou dans une de ses vingt écoles. Du coup, la ville compte rapidement quelque300 000 habitants. C'est à cette époque la plus grande ville d'Europe ! Objet d'une attention particulière de son calife, elle est constamment embellie.

Cordoue redevint espagnol sous le règne d'**Alphonse X**. → 51

PERSONNAGE **CHARLES MARTEL**

# 09 LE SAUVEUR DE LA CHRÉTIENTÉ

**Plus puissant qu'un roi mérovingien, Charles Martel est maire du palais, il dirige toute l'administration du royaume franc.**

Au fil de ses combats, Charles est parvenu à unifier et à étendre le royaume mérovingien qui devient l'un des plus puissants États d'Occident. Seules quelques principautés, notamment l'Aquitaine, échappaient à son pouvoir.

En 732, Charles a l'occasion d'étendre sa domination à l'Aquitaine, en proie aux raids des musulmans. Il décide d'affronter ces redoutables cavaliers arabes et berbères, à Moussais, près de Poitiers. Au milieu de la mêlée, Charles repousse les assaillants à grands coups de « martel », un énorme marteau de fer. La victoire est totale : les musulmans sont contraints à la fuite. Grâce à cette bataille, Charles parvient à imposer son autorité en Aquitaine. Il apparaît comme le sauveur de la chrétienté face aux musulmans.

Charles, fils de Pépin le Jeune, était très adroit à manier la masse d'armes, le « martel », ce qui lui valut son surnom.

**CARTE D'IDENTITÉ**

**Date de naissance**
Vers 688

**Nationalité**
Austrasien

**Fonction**
Maire du palais

**Signe particulier**
Guerrier redoutable

Les cavaliers musulmans doivent leurs conquêtes fulgurantes à leurs **pur-sang** arabes. → 10

# LA FI DE L'ÉPOQUE

**Aux VIIe et VIIIe siècles, les cavaliers arabes se lancent à la conquête du monde. L'islam, dit-on, aurait alors été « fondé sur les traces des sabots du cheval arabe ».**

**Naissance de la cavalerie !**
En un siècle, l'armée sarrasine soumet l'Afrique du Nord, pénètre en Espagne et jusqu'au cœur de l'Europe. À l'origine de cet exploit : le cheval arabe. Pourtant, les Arabes ne sont pas des cavaliers-nés ! À l'origine ce sont des chameliers. Il faut attendre Mahomet (570-632) pour qu'ils s'intéressent aux chevaux. Partisan d'une expansion territoriale rapide, le Prophète décide de créer une cavalerie et développe l'élevage. Deux races apparaissent alors : le cheval arabe et le barbe.

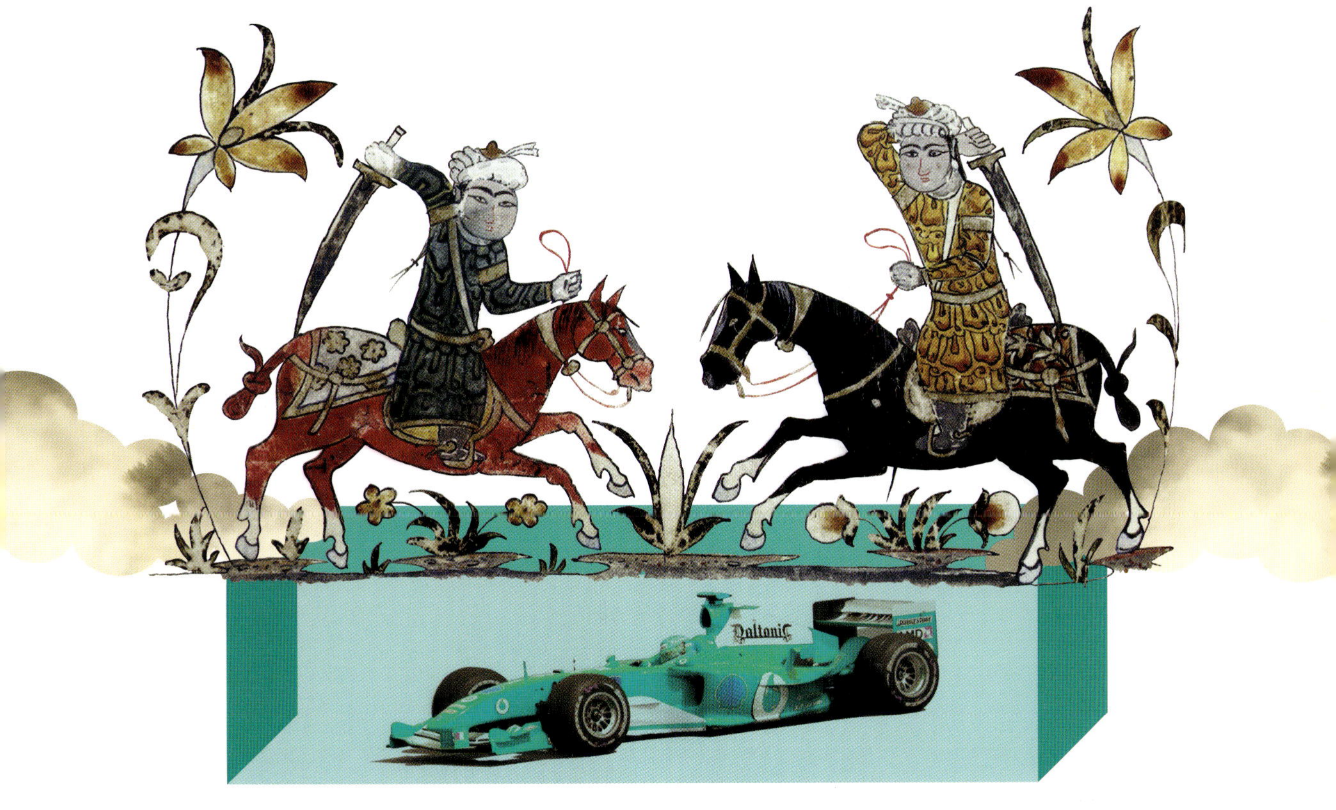


Le **pur-sang arabe** est à la fois rapide, maniable et résistant. Sa robe est de couleur baie (rouge-brun) ou grise.

À Poitiers, en **732**, Charles Martel affronte les redoutables cavaliers arabes. Mais il ne possède pas de cavalerie franque. Il la crée et remporte la bataille. La chevalerie est née… L'ennemi sarrazin est repoussé, mais ses chevaux sont restés. Ils sont à l'origine de toutes les races du monde.

La rencontre à Poitiers avec la cavalerie arabe marque les débuts des **chevaliers**. → 23

11

CHEF-D'ŒUVRE — ÉPÉE DE ROLAND

# MYTHIQUE !

**Les guerriers francs adoraient leurs épées Durandal est l'épée de Roland, valeureux compagnon de Charlemagne.**

En 778, Charlemagne intervient en Espagne pour aider le gouverneur de Saragosse, Sulayman, en révolte contre son maître, l'émir de Cordoue. Cette expédition fut un fiasco total. Selon la légende, dans un dernier sursaut d'énergie, Roland, pris au piège dans l'étroit col de Roncevaux, aurait donné un violent coup d'épée contre le rocher, avant de s'effondrer. Sous le choc, le roc se serait fendu, donnant naissant à la fameuse « brèche de Roland ». L'épée, quant à elle, serait demeurée intacte ! Elle a aujourd'hui disparu...

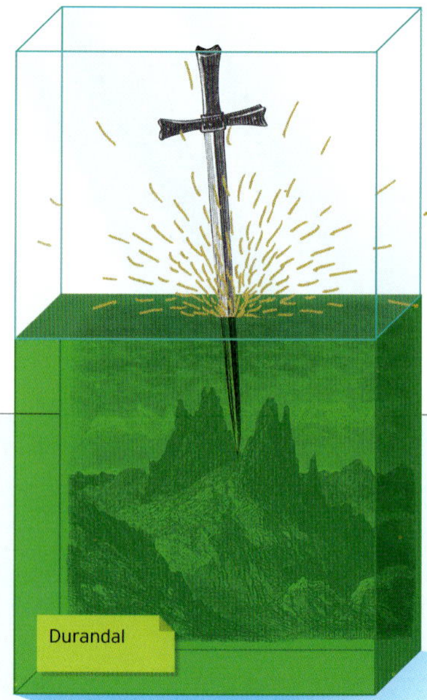


**Durandal** mesure environ 90 cm de long. Son pommeau contiendrait, une dent de saint Pierre, un peu de sang de saint Basile, un cheveu de saint Denis et un morceau du manteau de la Vierge Marie.


L'oliphant de Roland a peut-être été taillé dans la défense de l'**éléphant** Aboul-Abass. → 13


12

RÔLE — PAPE

# LE CHEF

**Depuis le IV^e^ siècle, le pape est l'un des personnages les plus puissants. Il dirige l'Église chrétienne d'Occident et ses millions de fidèles.**

Évêque de Rome, tu es le successeur de saint Pierre. Considéré comme le représentant de Dieu sur terre, tu commandes à tous les chrétiens d'Occident, soit près de trente millions de personnes ! Pour encadrer tes fidèles, tu disposes d'une gigantesque administration d'archevêques, d'évêques, de curés, d'abbés et de moines.

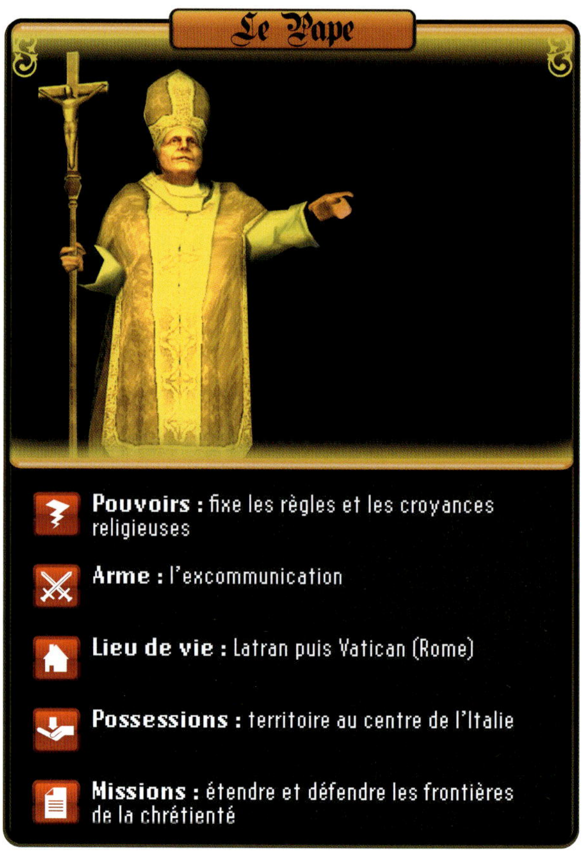



Le pape Adrien IV eut des relations très houleuses avec l'empereur **Frédéric Barberousse**. → 38

ANIMAL ÉLÉPHANT

# 13 UN CADEAU DE TAILLE

**Vers l'an 800, Charlemagne, empereur d'Occident, et Haroun al-Rashid, le calife de Bagdad, entretiennent d'excellentes relations et échangent même des ambassades.**

L'ambassade du calife de Bagdad est chargée de somptueux cadeaux parmi lesquels se trouve un animal extraordinaire : un éléphant nommé Aboul-Abass ! Débarqué en Italie en 801, le pachyderme rencontre un véritable triomphe ! Aux yeux des Francs, l'animal paraît terrible et surprenant. Voilà des siècles qu'on n'avait pas vu d'éléphant en Occident.

Aboul-Abass devient la vedette de la ménagerie de Charlemagne, empereur depuis **800**. → 15

INVENTION KNÖRR

# 14 LE « 4X4 DES MERS »

**Les Vikings doivent leurs conquêtes à leurs célèbres navires. Véritable serpent de mer, le knörr est souple, élastique et résistant, il épouse les vagues et s'adapte aux courants marins.**

Sa coque transporte une quinzaine d'hommes et jusqu'à 40 tonnes de marchandises. Elle est formée de planches de chêne ou de pin disposées à clin, c'est-à-dire se chevauchant l'une et l'autre. Elles sont ensuite enduites de goudron de pin pour assurer l'étanchéité et empêcher la pourriture du bois.

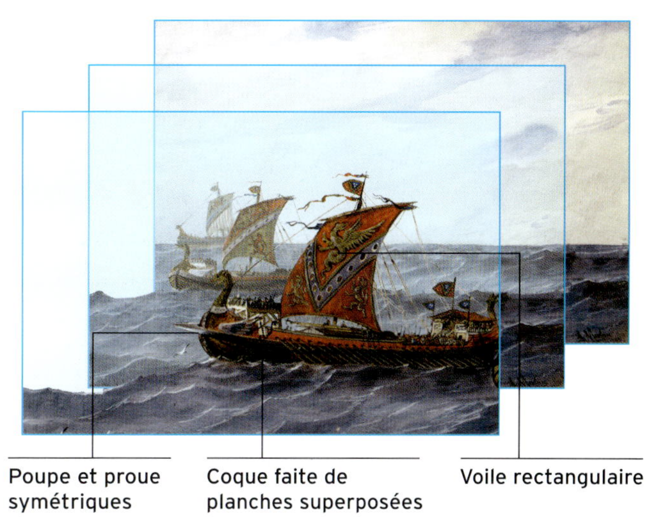


C'est à bord de leurs knörrs que les Norvégiens sont partis à la conquête de l'**Islande**. → 16

15 DATE 800, COURONNEMENT DE CHARLEMAGNE

# CHARLEMAGNE DEVIENT EMPEREUR D'OCCIDENT

**Fils de Pépin le Bref, Charles devient, à la mort de son père en 768, roi des Francs. Mais ce titre ne lui suffit pas : fasciné par l'histoire de Rome, il rêve de fonder un empire à sa mesure.**

**Charles sauve la papauté**

Prisonnier à Rome, le pape Léon III décide de se rendre à la cour de Charles afin de lui demander son aide. Pour le roi des Francs, c'est une bonne occasion de devenir le protecteur attitré de la papauté. Son conseiller Alcuin lui recommande même de profiter de cette opportunité pour se faire couronner empereur par le pape. Charles temporise... Il commence par faire raccompagner Léon III sous bonne escorte à Rome. Un mois plus tard, il se rend à son tour dans la Ville éternelle, à la tête d'un immense cortège, pour retrouver le pape, son protégé. Ce dernier ne voit que des avantages à couronner Charles : c'est un bon moyen pour lui de reprendre l'initiative.

**Un Franc empereur !**

Le 25 décembre 800 se déroule dans la basilique Saint-Pierre de Rome une cérémonie grandiose. Devant une foule immense, Charlemagne apparaît, revêtu du manteau pourpre des empereurs romains. Il commence par se recueillir sur le tombeau de saint Pierre. Puis le pape Léon III s'approche de lui et pose sur sa tête la précieuse couronne impériale, avant de le bénir et de le saluer en ces termes : « À Charles, Auguste, couronné par Dieu, puissant et pacifique empereur, vie et victoire ! » Aussitôt, dans l'église, la foule l'acclame.

**Le grand-père de l'Europe !**

Charlemagne est désormais à la tête d'un empire immense, unifié par la même religion (le christianisme), les mêmes lois et la même administration. Son territoire ressemble à celui de la Communauté économique européenne, fondée en 1957. À tel point qu'aujourd'hui Charlemagne apparaît comme le grand-père de l'Europe !

Plus d'un siècle après la division de l'Empire de Charlemagne en 843, le roi de Germanie Otton Ier fonde en **962**

# 800

Le **25 décembre 800**, le pape Léon III pose sur la tête du roi des Francs la couronne impériale. L'empire vient de renaître !

Contrairement à la légende, Charlemagne ne portait pas de « **barbe fleurie** ». Peut-être avait-il une moustache.

Né dans un milieu modeste, le pape **Léon III** est un véritable self-made-man. Sa réussite lui vaut de nombreux ennemis parmi les grandes familles romaines.

En 800, son **royaume** s'étend de la Bretagne jusqu'à la Hongrie, de la mer du Nord à la Méditerranée. Mais son empire demeure fragile car il est constitué de nombreux pays soumis ne partageant pas la même langue ni les mêmes coutumes.

le Saint Empire romain germanique.

LIEU ISLANDE

16

# TERRE DE GLACE ET DE FEU

**Vers 870, deux navigateurs norvégiens, Arnarson et Hjolfeir Hrodmarson, débarquent sur une île froide et volcanique, tout près du cercle polaire. Il décide de la nommer Islande, le «pays de la glace».**

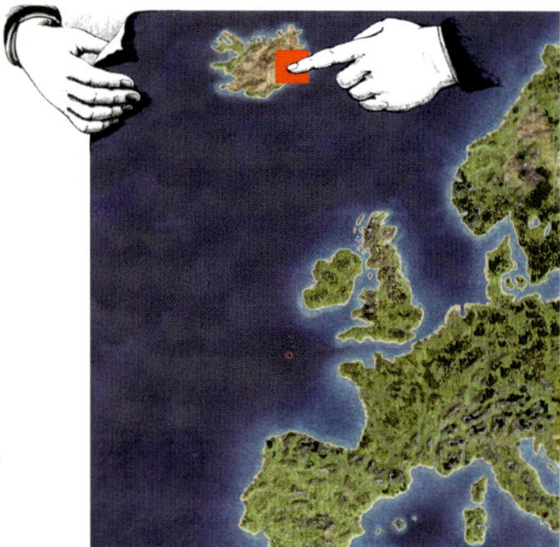

Norvégiens, Danois, Suédois... des nobles de tout le monde scandinave s'y installent avec leurs familles et leurs esclaves celtes. Vers 900, ils sont 430 colons à se partager l'Islande. En 967, l'île est découpée comme une grosse pomme en quatre districts. Pour survivre, ces *boendr*, «hommes libres», seront à la fois pêcheurs, agriculteurs et artisans...

**L'Islande** est une île de l'océan Atlantique située entre le Groenland, l'Écosse et la Norvège. Placée sur la dorsale atlantique, elle compte de nombreux volcans actifs!

Considéré comme le plus vieux parlement d'Europe, l'Allthing réunissait chaque année en juin tous les hommes libres d'Islande dans la faille rocheuse de Thingvellir comme nous pouvons le voir sur ce tableau. Pendant quinze jours, cette assemblée réglait diverses affaires judiciaires et législatives; c'était aussi l'occasion d'une véritable fête populaire.

Le pouvoir politique est exercé par les quarante plus riches propriétaires de l'île, les *godar*. C'est presque une République! Deux fois par an, tous les *godar* d'un même district se réunissent lors d'une assemblée locale, le *thing*. Depuis 930, ils participent aussi tous les ans à la grande assemblée, l'*Allthing*, organisée dans la faille rocheuse de Thingvellir, au sud-ouest du pays. C'est là qu'ils débattent, adoptent les lois et jugent les grandes affaires. En 999, l'*Allthing* décide, à l'unanimité de ses membres, la conversion de l'Islande au christianisme.

Grâce à leurs navires, les **knörrs**, les Norvégiens ont pu découvrir et coloniser l'Islande. → 14

17 DATE 962, COURONNEMENT D'OTTON LE GRAND

# LE RETOUR DE L'EMPEREUR

**Un peu plus d'un siècle après le couronnement impérial de Charlemagne, il n'y a plus d'empereur en Europe. Jusqu'à ce qu'en Allemagne, Otton soit élu roi en 936.**

Durant tout le IXe siècle, les héritiers de Charlemagne ont continué à porter le titre d'empereur. Mais rapidement, il leur échappe pour passer aux mains de souverains sans envergure qui ne doivent leur pouvoir qu'à la bienveillance du pape. En 924, il n'y a plus d'empereur. Et personne pour prétendre au titre ! En Gaule, la dynastie carolingienne s'éteint doucement, tandis qu'en Germanie, le roi est élu. Mais, en 919, c'est le puissant duc de Saxe Henri Ier l'Oiseleur qui est désigné. En 936, son fils, l'ambitieux Otton, lui succède. Roi de Germanie, Otton remporte une éclatante victoire sur les Hongrois à Lechfeld en 955. Il est alors au sommet de sa gloire. Il n'a maintenant qu'un but : imiter Charlemagne et restaurer l'empire ! Aussi ne se fait-il pas prier quand, en 961, le jeune pape Jean XII l'appelle à son secours. En 962, il se rend en Italie où, en échange de sa protection, le pape le couronne empereur le 2 février. Le Saint Empire romain germanique est né.

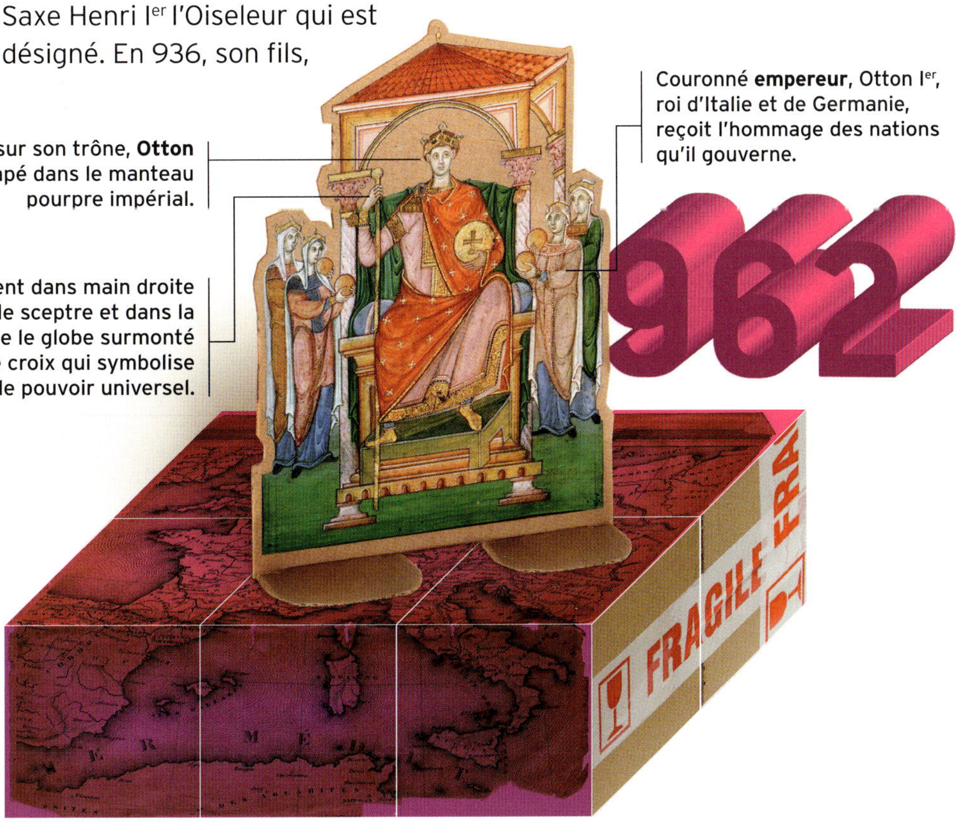


Assis sur son trône, **Otton** est drapé dans le manteau pourpre impérial.

Il tient dans main droite le sceptre et dans la gauche le globe surmonté d'une croix qui symbolise le pouvoir universel.

Couronné **empereur**, Otton Ier, roi d'Italie et de Germanie, reçoit l'hommage des nations qu'il gouverne.

Après la dynastie des Ottoniens règnent les Hohenstaufen, famille de **Frédéric Ier**. → 38

**SYMBOLE** CROIX LATINE

# 18 LA MARQUE DU CHRIST

**Les croix sont partout, à la croisée des chemins, sur les murs des églises, dans les cimetières, sur les vêtements des clercs et des croisés.**

Ce symbole sert à marquer le territoire du christianisme. Il rappelle à tous les chrétiens la Passion de Jésus-Christ crucifié par les Romains. Le message est clair : il s'agit pour tous les fidèles de suivre son exemple. À la fin du XI$^{e}$ siècle, la croix devient l'emblème de la chrétienté contre l'islam.

Les **ordres croisés** se distinguent par leur croix : pattée pour les Templiers, blanche pour les Hospitaliers, avec un aigle d'or pour les Teutoniques.

La croix est le symbole des chevaliers qui partent pour la croisade en **1095**.

→ 31

**SYMBOLE** CROISSANT

# 19 CROISSANT DE LUNE

**Le croissant évoque la lune qui rythme le calendrier des musulmans. Il apparaît sur les étendards des cavaliers arabes qui diffusent l'islam.**

Le 28 mai 1453, avant d'assiéger Constantinople, le sultan Mehmet II aurait vu dans le ciel un immense croissant. C'est un bon présage ! Constantinople est prise le lendemain et les Turcs ottomans en font l'emblème de leur empire. Mais il faudra attendre trois siècles pour que le croissant devienne le symbole de l'islam.

Au XIII$^{e}$ siècle, le **croissant** apparaît déjà sur les bannières des cavaliers musulmans, en guerre contre les chrétiens.

Le croissant symbolise l'islam, fondé en **622** par Mahomet.

→ 06

LIEU **MONT ATHOS**

# 20 LE PAYS DES MOINES

**Le mont Athos est une presqu'île, au nord-est de la Grèce. Montagneuse et forestière, elle plonge dans la mer Égée. Au loin apparaît la silhouette du mont Athos qui lui a donné son nom.**

## Un lieu interdit aux femmes

En 963, le moine byzantin Athanase de Trébizonde fonde un premier monastère : la Grande Laure. Le succès est fulgurant ! Serbes, Bulgares, Russes, Géorgiens... des moines de tous les pays orthodoxes viennent s'y installer. Au XIVe siècle, la presqu'île compte quelque 30 000 habitants et 40 monastères, avec leurs bibliothèques et leurs ateliers d'icônes. Depuis 1060, le mont Athos est strictement interdit aux femmes et même aux animaux femelles. Une exception : les poules ! Car les jaunes d'œufs entrent dans la composition de la peinture des icônes.

Certains moines, les cénobites, vivent en communauté. Les autres, les **anachorètes**, vivent seuls et miséreux dans des grottes ou des cabanes.

Les **cénobites** partagent leur temps entre prières, lecture de manuscrits dans les bibliothèques, et travail dans les ateliers de fabrication d'icônes.

Perchés sur les falaises, les **monastères** abritent chacun une cour intérieure où se dresse l'église principale.

Le Moyen Âge est une période florissante pour les moines. La congrégation byzantine du mont Athos est l'une des plus importantes dont l'organisation est toute particulière.

Le mont Athos regroupe des **moines** venus de tout le monde chrétien. → 26

21 **PERSONNAGE** HUGUES CAPET

# L'INVENTEUR DE LA FRANCE

**En juillet 987, le duc des Francs, Hugues Capet, se fait proclamer puis sacrer roi. Il fonde ainsi une nouvelle dynastie qui gouverna la France pendant plus de trois siècles de 987 à 1328.**

Hugues Capet tire son nom du manteau (*cappa*) que détenait saint Martin en tant qu'abbé de Saint-Martin de Tours. Il est le petit-neveu du comte Eudes qui a défendu victorieusement Paris contre les Vikings en 886. Influent et puissant, il n'hésite pas à critiquer les rois carolingiens.

Refusant la transmission de la couronne de France de père en fils, il affirme qu'un chef doit être choisi par ses soldats selon la tradition franque. En 987, le dernier roi carolingien, Louis V, meurt sans héritier. La situation est grave et les Grands du royaume se réunissent pour décider de la succession du trône de France. L'archevêque de Reims soutient la candidature d'Hugues Capet. Et le 3 juillet 987, il est tout naturellement désigné roi puis sacré. Il s'empresse alors de faire aussi sacrer son fils Robert, le 25 décembre 987, et rétablit ainsi l'ancien système à son profit.

❶ Le **roi** était oint de saint-chrême, huile sacrée apportée miraculeusement par une colombe à Clovis. ❷ Puis il était couronné et recevait le sceptre et l'anneau devenant ainsi le représentant de Dieu sur terre.

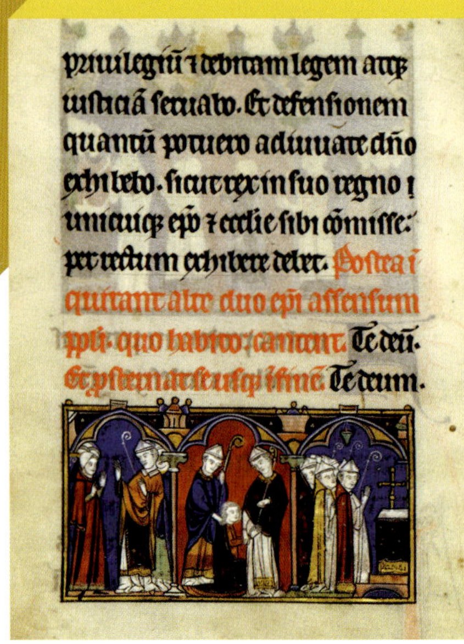

C'est sous le règne d'Hugues Capet, que la **fleur de lys** devient le symbole de la royauté. De couleur jaune sur fond

**Sous le manteau... un roi !** Assis sur son trône et revêtu des attributs royaux (le sceptre et le manteau bleu de saint Martin), Hugues règne désormais sur la partie occidentale des régions occupées par la Francie, à laquelle on donne le nom de *Francia occidentalis*.

**CARTE D'IDENTITÉ**

**Date de naissance**
Vers 940

**Nationalité**
Franc

**Fonction**
Roi des Francs

**Signe particulier**
Premier roi capétien

Véritable super-héros du Moyen Âge, Hugues Capet marque la naissance de la France. Il fait du royaume un lieu restreint mais riche. Celui-ci devient le noyau de la France moderne. Avec lui commence la dynastie des Capétiens qui régnera jusqu'en 1328.

bleu elle décorait souvent les manteaux du roi.

# UNE SOCIÉTÉ HIÉRARCHISÉE

**Au Moyen Âge, les hommes qu'ils soient nobles, clercs ou paysans dépendent les uns des autres pour leur protection ou leur vie de tous les jours, selon un mode pyramidal.**

Pour s'assurer de la fidélité des Grands du royaume franc, Charles Martel puis Pépin le Bref ont pris l'habitude de leur distribuer des terres prises à l'Église et aux grands monastères. Charlemagne généralise ensuite ce mode de gouvernement. Mais au IX^e siècle, le monde change ! Les raids vikings et la menace des envahisseurs hongrois affaiblissent le pouvoir royal… et les seigneurs s'en emparent. C'est alors la société médiévale tout entière qui est organisée par ce réseau de relations d'homme à homme. On parle de féodalité pour désigner ce nouvel ordre. Il se maintient pendant plus de cinq siècles ! À partir du XIV^e siècle, le roi renforce à nouveau son pouvoir tandis que de grands changements ont lieu avec l'essor du commerce puis l'invention de l'imprimerie. C'est la fin du monde féodal.

**Une société d'ordres… et de devoirs !**
Chaque homme est alors lié à son supérieur. Le comte jure ainsi fidélité au roi, le seigneur au comte, le paysan au seigneur… La société médiévale est très hiérarchisée ! Elle est de plus constituée de trois grands ordres aux rôles bien déterminés.

**Un serment pour les lier tous :**
Cette cérémonie clé de la société féodale règle les rapports entre le vassal et son seigneur. Le futur vassal s'agenouille devant son maître et met ses mains jointes entre les siennes. Il prête serment et échange avec lui un baiser de paix. Il lui doit ensuite fidélité. En échange de son aide, le seigneur lui donne un fief, généralement une terre, qui lui permet de vivre confortablement.

Les **paysans** forment le troisième ordre et sont chargés de nourrir les autres. Ce sont les plus nombreux ! Ils représentent 98 % de la population !

Le système féodal régit la société jusqu'à la fin du Moyen Âge, vers **1453**. La société d'ordre perdure jusqu'à la

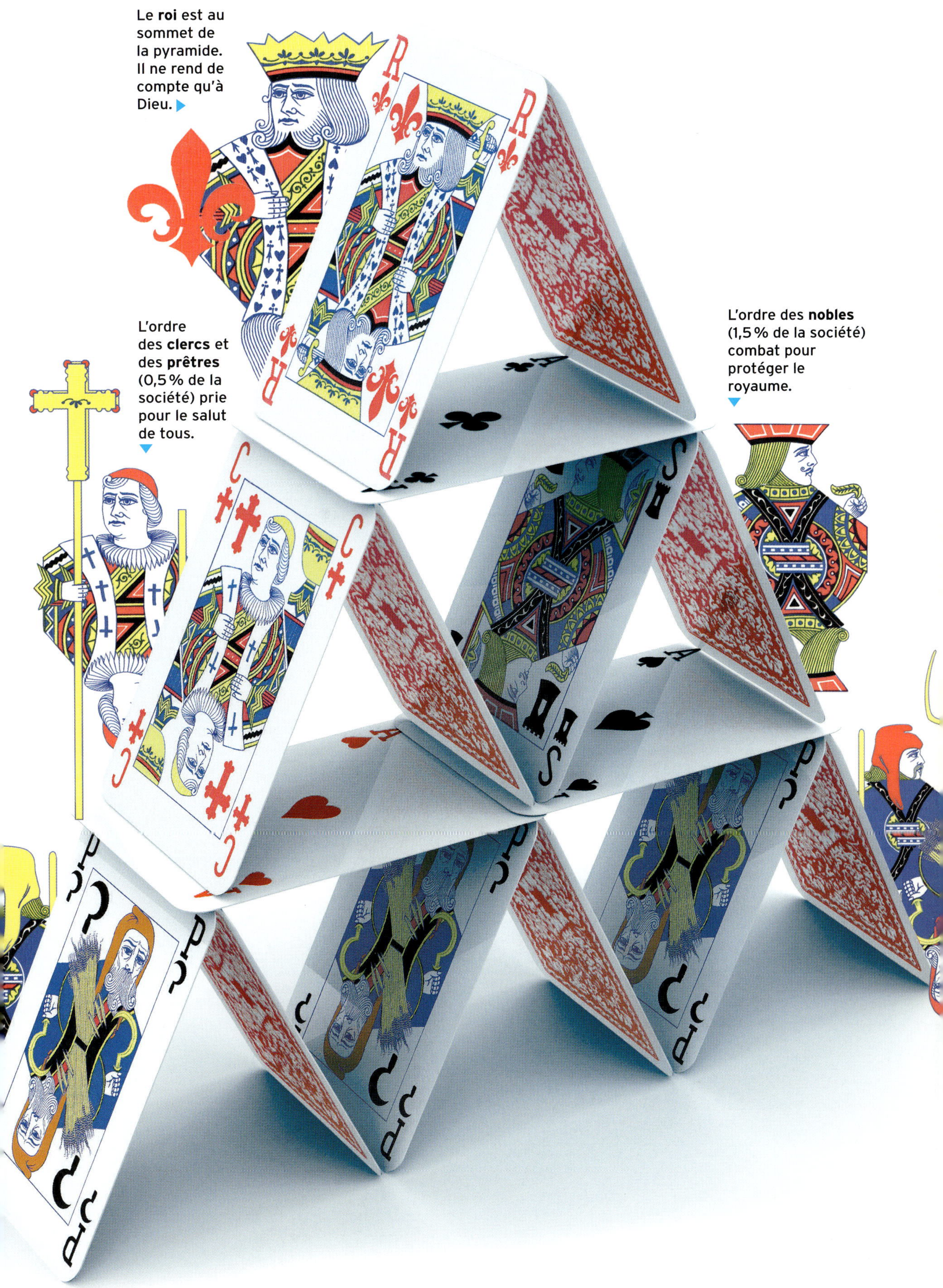


Révolution française en 1789.

→ 60

23

RÔLE CHEVALIER

# L'HOMME À CHEVAL

**Félicitations ! Tu es l'un des personnages clés du Moyen Âge. Pour se battre en tournoi, défendre ton seigneur, attaquer un château fort ou partir en croisade, tu es toujours prêt !**

**L'homme-fort du Moyen Âge**

Tu es un professionnel du combat sous toutes ses formes, et tu n'as jamais peur.
Tu es le fils cadet d'une famille noble et c'est par ta force et ton courage que tu te fais une position dans la société.
Ta formation a commencé très tôt, dès l'âge de 7 ans, auprès d'un vieux chevalier, un « parrain », qui a fait ton éducation militaire. Il t'a appris à manier les armes, à traquer le gibier en forêt puis à monter à cheval.

Tu as gravi tous les échelons : galopin, page puis écuyer.
À 18 ans, tu es enfin devenu chevalier, après la cérémonie d'adoubement. Ton cheval est ton meilleur ami, il vaut une fortune ! Surtout que tu t'es laissé tenter par un destrier, véritable Rolls Royce des chevaux de guerre, dont le prix dépasse les 300 livres, soit l'équivalent de 12 000 sacs de blé ! Pour te protéger, tu portes sur le corps un haubert, un plastron de mailles et, sur la tête, un heaume, casque en fer. Pour attaquer, tu disposes d'une lance, d'une épée et d'un poignard. En tout, cet armement pèse 20 kg et coûte l'équivalent de 75 sacs de blé !

Le chevalier s'entraîne en jouant à la quintaine, un mannequin de bois à bascule qui lui sert de cible,

## Le Chevalier

**Pouvoirs :** aux ordres d'un seigneur; sa force et son courage font de lui un personnage redouté

**Armes :** lance, épée et poignard

**Lieu de vie :** itinérant ou attaché à un château

**Possessions :** son cheval et ses armes

**Missions :** défendre les intérêts de son seigneur et de sa famille

**L'adoubement** est une cérémonie religieuse imaginée par l'Église afin de donner un aspect sacré à la chevalerie dans l'espoir d'en diminuer la violence. Les chevaliers deviennent ainsi soldats de Dieu et s'engagent à respecter et à aimer la justice et à ne combattre que pour les causes justes.

Chevalier errant, tu as fait tous les tournois de Champagne, de Bourgogne et de Normandie. À ton palmarès, une vingtaine de victoires, en solitaire ou en équipe et... des cicatrices sur tout le corps. Célibataire endurci, tu t'es mis ensuite au service d'un riche seigneur à qui tu as prêté allégeance. Installé dans son château, tu deviens un véritable agent de sécurité. Tu montes la garde, protèges ton maître et sa famille, participes aux opérations commandos, aux chevauchées, contre les seigneurs voisins, traques les braconniers, punis les paysans resquilleurs. En échange, tu es nourri et logé. Tu voues une fidélité absolue à Dieu puis à ton seigneur. Tu as un goût prononcé pour le fracas des combats et le pillage des récoltes ainsi qu'un certain penchant pour les banquets bien arrosés.

et en participant à des **tournois**. →

NOTION TOURNOI

24

# LE CHOC DES CHEVALIERS !

**Apparue en Anjou vers 1060, la pratique du tournoi se répand au XII^e siècle. Pour les chevaliers, c'est un bon entraînement et un moyen de gagner de l'argent !**

Après une sonnerie de cors, le tournoi commence ! Sous les clameurs de la foule, les chevaliers « entrent en lice » et exhibent leurs étendards marqués de leur blason. Sur l'estrade centrale, le seigneur assiste avec sa famille au spectacle. Dans une tribune voisine, les hérauts, experts en héraldique, sont chargés d'évaluer les prouesses des participants. Car les tournois ne sont pas de simples duels. Des équipes entières de chevaliers s'affrontent, lances au poing, en batailles rangées.

Tout comme la guerre, les tournois sont un bon moyen pour les **chevaliers** de se faire remarquer par les grands

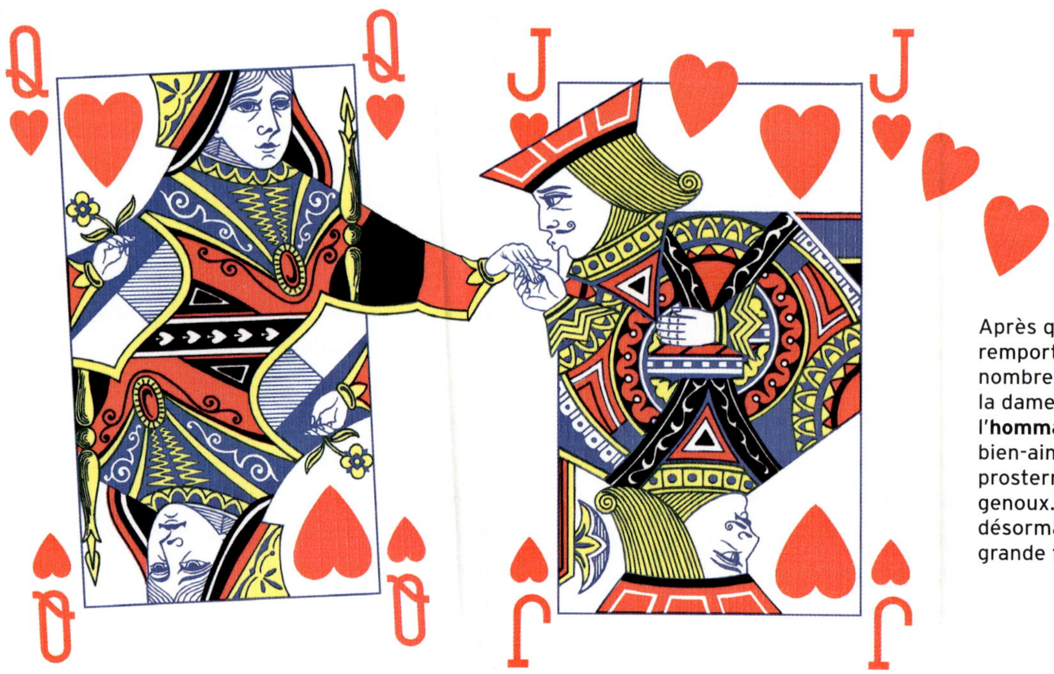


Après qu'il a remporté de nombreux défis, la dame accepte l'**hommage** de son bien-aimé qui se prosterne à ses genoux. Il lui doit désormais la plus grande fidélité.

Dans le plus pur respect de la **féodalité,** les gestes de l'amour courtois rappellent ceux du vassal envers son seigneur.

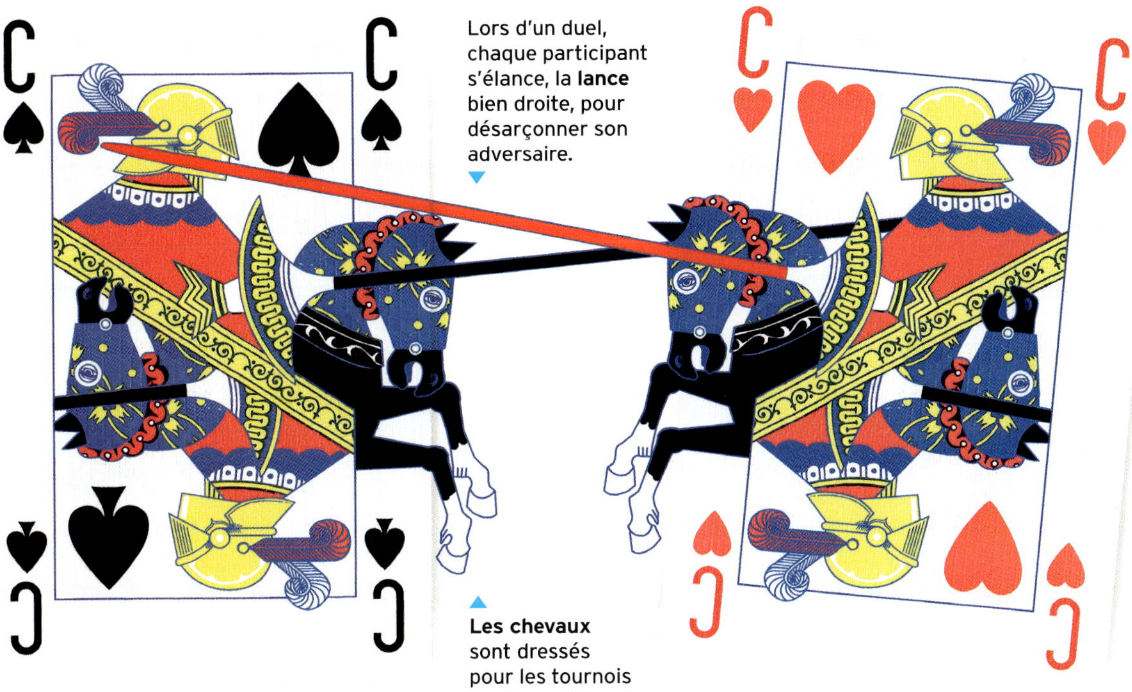

Lors d'un duel, chaque participant s'élance, la **lance** bien droite, pour désarçonner son adversaire.

**Les chevaux** sont dressés pour les tournois car ils ne doivent pas s'affoler.

Pour se protéger, le chevalier porte un **heaume** et une armure sur laquelle figurent les blasons de sa famille.

seigneurs. Mais c'est un sport dangereux, les décès ne sont pas rares. → 23

25

**NOTION** AMOUR COURTOIS

# RESTONS COURTOIS

**Au XII$^{e}$ siècle, dans les cours des seigneurs du midi de la France naît un nouvel art de vivre : la courtoisie. Elle gagne bientôt toute l'Europe et régit les rapports amoureux de la noblesse.**

C'est dans le *Roman de Thèbes*, en 1152, qu'apparaît pour la première fois le terme de « courtoisie ». Encore largement associé à la prouesse militaire, il qualifie la conduite généreuse du héros en pleine bataille. Mais rapidement le sens du mot s'enrichit. Il devient une manière de penser, de se comporter, d'aimer et d'écrire selon des règles très précises.

Le succès de ce genre nouveau est tel que de nombreux poèmes sont écrits dans ce style. Ce sont les troubadours qui les composent. Un des premiers grands troubadours n'est autre que Guillaume IX (1071-1127), duc d'Aquitaine et grand-père de la fameuse Aliénor. Il est le premier à abandonner le latin pour la langue « française », en fait la langue d'oc du sud de la France.

Il n'y a d'ailleurs pas de hasard : l'amour courtois triomphe en pleine période féodale ! → 22

26 RÔLE MOINE

# L'HOMME-PRIÈRE

**Tu es un religieux qui a choisi de se consacrer à la prière. Au départ tu es un solitaire qui vit en ermite. Mais rapidement, tu as formé une communauté avec les autres dans un monastère.**

**La vie en communauté**
Tu es entré enfant au monastère où tu vas passer toute ta vie. Cet espace est consacré exclusivement à la prière et à la réflexion. Le monastère est fermé au public. En tant que moine, tu ne saurais donc en sortir ou rencontrer d'autres personnes. Du coup, le monastère regroupe tout ce qui est nécessaire à la vie quotidienne : dortoirs, réfectoire et un cloître pour penser. Mais, les monastères possèdent aussi de nombreux champs cultivés qui fournissent la nourriture de leurs pensionnaires. Derrière ces murs, ta vie de moine est organisée en fonction du service divin. Ainsi, tu dois assister à la messe toutes les trois heures, de jour comme de nuit. Couché à la tombée de la nuit, tu te lèves à la huitième heure pour une première prière. Elle est la plus longue de la journée ! Mais les plus importantes sont les laudes au lever du soleil et les vêpres en fin d'après-midi.

**Les monastères abritent de grands ateliers d'écriture, les *scriptotia*, qui sont aussi des bibliothèques. Certaines comptent près de 1000 livres.**

À partir du XI^e^ siècle, les nouvelles techniques de construction révolutionnent l'organisation des monastères

## Le Moine

**Pouvoirs :** il sait lire et écrire

**Arme :** la plume d'oie

**Lieu de vie :** monastère

**Possessions :** aucune

**Missions :** prier pour le salut des âmes

Pour illustrer leurs textes, les moines réalisent de superbes **enluminures** avec des plumes d'oie taillées en biseau, ainsi que des poudres de pierre (craie, azunite, malachite) ou de végétaux (garance).

Tu es parmi la population l'un des rares à savoir lire et écrire ! À charge pour toi de raconter l'histoire de ton monastère ou de consigner tous les actes importants. En fait, tu es surtout un copiste qui recopie et enlumine des manuscrits dans une sorte de bibliothèque appelée *scriptorium*. Tu y prépares les parchemins en peaux d'agneau, de veau ou de chevreau sur lesquels tu peux écrire grâce à ta plume taillée et trempée dans l'encre. Tu écris toujours à main levée, sans toucher le parchemin pour ne pas le tacher. C'est un très long travail ! Il dure facilement plusieurs mois car tu ne peux pas copier plus de cinq feuilles par jour. On comprend pourquoi tu t'amuses parfois à dessiner ou à signer dans les marges de tes manuscrits !

comme ceux du **mont Athos**. →

# SIGNE EXTÉRIEUR DE RICHESSE

**Le château fort où vit le seigneur avec famille, ses serviteurs et les chevaliers doit être haut, massif et bien protégé : il est le symbole du seigneur, son signe extérieur de richesse.**

**Le dernier refuge**
Au IXe siècle, l'Occident chrétien est ravagé par les raids vikings. Pour se protéger, les seigneurs font bâtir les premiers châteaux de l'histoire, de simples tours de bois entourées par une palissade, et perchées sur des mottes de terre. L'intérieur est rustique : une résidence principale, une salle d'apparat et une basse-cour. Là, derrière les palissades en bois, les paysans des environs viennent se réfugier lors des invasions.

**Grand château, grand seigneur !**
Au Xe siècle, les seigneurs les plus puissants font bâtir de solides tours de pierre, les donjons, puis ils font édifier une seconde enceinte. Le château fort est né ! À partir de la fin du XIIe siècle, les rois construisent d'immenses châteaux, des forteresses, comprenant une série de tours et de forts reliés par de puissants remparts.

**Confort minimal !**
Le château fort est très sombre : pas de fenêtres mais de fines meurtrières, parfois garnies de parchemins huilés en guise de vitres. À cela s'ajoutent des torches qui dégagent une épaisse fumée. Tout y est étroit et sinueux. Les escaliers en colimaçon ne permettent le passage que d'un seul homme. L'air y est bien souvent glacial et humide. En général, une grande cheminée sert de chauffage, le seul de tout l'édifice.

Le château fort de Vitré (Bretagne)

Lors des banquets, organisés au château, les ménestrels chantent les chansons d'**amour courtois**, qui connaissent

La forteresse est dominée par le **donjon**, une tour massive où vivent le seigneur et sa famille. C'est là qu'ils organisent des banquets avec les chevaliers, les ménestrels et les jongleurs.

La forteresse est protégée par de puissants **remparts** crénelés et dotés de solides tours de guet. Tout est prévu pour une défense active : des meurtrières pour tirer des flèches et des mâchicoulis pour lancer de gros projectiles.

Un **pont-levis** a été construit au-dessus des douves (fossés). Celui-ci était remonté en cas d'attaque afin de bloquer l'entrée aux assaillants.

**Ma petite entreprise !**

Plus le seigneur est puissant, plus il emploie de personnel. À tel point que la cour du château ressemble à une bourgade, avec ses poulaillers, ses étables, ses abattoirs, ses enclos où paissent des troupeaux de moutons, ses greniers gorgés de bottes de foin. Chaque jour, les paysans des environs apportent des charrettes entières de boisseaux de sel, de sacs de céréales, de barils de viande séchée et de foin.

un grand succès au XII<sup>e</sup> siècle.

28 RÔLE PAYSAN

# LE TRAVAILLEUR DE LA TERRE

**Tu es paysan et fais donc partie des 98 % de la population. Tu mènes une vie de labeur difficile ! Rarement propriétaire de la terre que tu cultives, tu es sous la coupe du seigneur.**

**L'homme clé du Moyen Âge**

Ton travail permet de nourrir tout le reste de la population : le bourgeois des villes, le religieux dans son monastère et le seigneur dans son château. Ton emploi du temps est harassant car cultiver la terre n'est pas une mince affaire ! Au Moyen Âge, la terre produit peu. Alors, tu dois inventer et ruser ! Tu divises tes terres en trois, en consacre deux à la culture du blé et de l'avoine, et tu en laisses toujours une se reposer. C'est l'assolement triennal. Mais cela ne fait pas tout ! Pendant toute l'année, tu ne ménages jamais ta peine. Si, en hiver, tu restes à l'abri avec les bêtes, tu as pris soin de semer le grain au mois d'octobre. Et, à partir du printemps, tu es très occupé. Il te faut tondre les moutons et commencer les moissons. L'été, les récoltes continuent et tu fais les foins. Enfin, l'automne est la saison des vendanges. Heureusement, pour t'aider,

**La moisson**, essentielle pour la nourriture quotidienne, est l'une des tâches reproduites avec la plus grande constance. Elle s'effectue en juin ou juillet, avec une faucille dentée ou non, de formes et de tailles très variables.

Aux nombreux impôts auxquels les paysans sont soumis s'ajoute la dîme qu'ils doivent payer à l'Église

## Les Paysans

**Pouvoirs :** aucun

**Arme :** la force de ses mains

**Lieu de vie :** à la campagne

**Possessions :** ses outils

**Missions :** nourrir la population

tu disposes d'un grand nombre d'outils. Tu coupes le foin avec une faux ou une faucille et retournes la terre de ton potager avec la houe et la bêche. Le fléau te permet de battre facilement le blé. Pour tondre la laine des moutons, tu te sers de grands ciseaux appelés forces. Des outils peuvent servir à plusieurs tâches, comme la serpe ou la hache avec laquelle tu abats indifféremment un arbre ou assommes ton cochon. Au XII$^{e}$ siècle, avec la multiplication des forges, les outils sont faits de métal et sont donc plus solides. La large diffusion de la herse, du fléau ou de la hotte permet de meilleures récoltes.

Le paysan est accablé d'**impôts** : de la taille qu'il doit au seigneur au cens (loyer en argent) en passant par le champart. (part prise en nature sur la récolte). À cela s'ajoutent toutes les taxes qu'il faut payer pour utiliser les biens du seigneur (moulin, four ou pressoir) : les banalités.

Les guerres ravagent d'abord les campagnes. Les paysans, très appauvris, ne peuvent plus payer les impôts et se révoltent. Ce sont les jacqueries qui sont matées dans le sang par les seigneurs.

dirigée par le **pape**.

LIEU FORÊT

# 29 PROMENONS-NOUS DANS LES BOIS...

**Monde des loups, des brigands et des ogres ? Immense réserve de bois et de gibier ? Qu'elle soit sauvage ou domestiquée, la forêt fascine les hommes du Moyen Âge.**

**Où trouve-t-on des forêts ?**

Au début du Moyen Âge, une grande partie de l'Europe est couverte de forêts : bois de chênes et de hêtres à l'ouest, massifs de conifères à l'est ou dans les montagnes, châtaigneraies sur les collines, maquis au bord de la Méditerranée. Denses et sombres, elles servent aussi de frontières entre les royaumes.

Sangliers, baies, glands, champignons... La forêt est un véritable garde-manger. Elle fournit également du bois de chauffage et de construction.

Dès le milieu du XIe siècle, seigneurs et abbés font appel à des groupes de **paysans** pour défricher des pans de forêts.

**Gaston Phébus** (1331-1391), est connu pour son Livre de Chasse. De magnifiques manuscrits nous sont restés avec des enluminures représentant des scènes de chasse mais aussi les animaux dans leur milieu naturel. Ici des ours, là des sangliers, des cerfs... Ils nous informent sur la faune et la flore et les habitudes des chasseurs.

## Un lieu enchanté

Mystérieuses, les forêts inspirent la peur, voire l'effroi. On craint les loups, très nombreux, les brigands ou les créatures légendaires : ogres, gobelins, hommes des bois ou sorciers...

## Un réservoir très apprécié

La forêt, c'est aussi une immense réserve pour les paysans : des terres, du bois pour le chauffage et les maisons, du gibier, des champignons, des baies, du miel, des glands pour les porcs. Avec l'augmentation de la population, elle suscite bien des convoitises. Mieux outillés, les hommes commencent au XI^e^ siècle à la défricher pour étendre leurs terres et bâtir des fermes. Seigneurs et abbés font appel à des groupes de paysans pour déboiser des terrains immenses en Île-de-France, en Normandie ou en Charente.

Shrek, le célèbre personnage de dessin animé, est l'héritier des créatures fabuleuses de la forêt, tels les ogres, les gobelins ou les hommes des bois.

La forêt est le grand terrain de sport des **rois**. Ils y pratiquent la chasse à courre, avec leurs servants et leurs chiens limiers. Leur proie préférée : le cerf, le plus noble des animaux.

C'est environ 25 % de la forêt qui disparaît en un siècle !

→ 28

# UN PERSONNAGE DE BANDE DESSINÉE

**Descendant des Vikings, ce duc de Normandie a tout du héros d'aventures. Pas étonnant qu'il soit le personnage principal de la première bande dessinée de l'histoire : la tapisserie de Bayeux !**

En 1051, le jeune duc de Normandie est désigné par son oncle, le roi d'Angleterre Édouard le Confesseur ❶, pour lui succéder. Mais, à la mort ❷ du souverain anglais en janvier 1066, Harold II, le chef de la noblesse anglo-saxonne, se fait proclamer roi d'Angleterre. Félonie ! Guillaume est bien décidé à éliminer cet usurpateur.

Pour célébrer la victoire de Guillaume, son demi-frère, Odon de Bayeux, fait réaliser une longue broderie de 70 m de long retraçant la conquête, la fameuse tapisserie de Bayeux.

Pour cela, il réunit ses barons normands et fait appel à des troupes flamandes, bretonnes et françaises. Puis il fait construire une flotte de 700 navires ❸ pour traverser la Manche. Objectif : l'Angleterre !

**CARTE D'IDENTITÉ**

**Date de naissance**
Vers 1027

**Nationalité**
Normande

**Fonction**
Duc de Normandie

**Signe particulier**
Roi d'Angleterre

Le 28 septembre 1066, Guillaume et ses Normands débarquent sur les côtes anglaises. Deux semaines plus tard, ils affrontent l'armée de Harold, à Hastings ❹. Le choc est terrible. Les chevaliers normands ❺ ne parviennent pas à percer le mur des boucliers anglais ❻.

Guillaume change de tactique et ordonne à ses Bretons de faire semblant de fuir. Les Anglo-Saxons se lancent à leur poursuite, désorganisant ainsi leur propre armée. Les Normands contre-attaquent. Harold est tué et son armée se débande aussitôt.

Pour conquérir l'Angleterre, Guillaume a réuni une armée de **chevaliers**. → 23

31

DATE **1095, DÉBUT DE LA PREMIÈRE CROISADE**

# L'APPEL À LA CROISADE DU PAPE URBAIN II

**À la fin du XIe siècle, les Turcs seldjoukides, de religion musulmane, interdisent aux chrétiens d'accomplir le pèlerinage à Jérusalem.**

Le pape Urbain II réagit avec fermeté. Le 27 novembre 1095, il est dans la ville de Clermont, en Auvergne. Installé sur une tribune dominant le parvis de l'église, il lance un appel solennel à tous les chrétiens. Au nom de Dieu, il les supplie de partir délivrer les Lieux saints. À tous ceux qui s'engageront dans cette voie, il promet que leurs péchés seront pardonnés. Aussitôt, une même clameur s'élève de l'assistance : « Dieu le veut ! » Les chevaliers cousent sur leurs vêtements une grande croix rouge en tissu, signe de leur engagement. Par ce geste, ils deviennent des croisés ! C'est le début d'une série de croisades qui dureront jusqu'en 1291 !

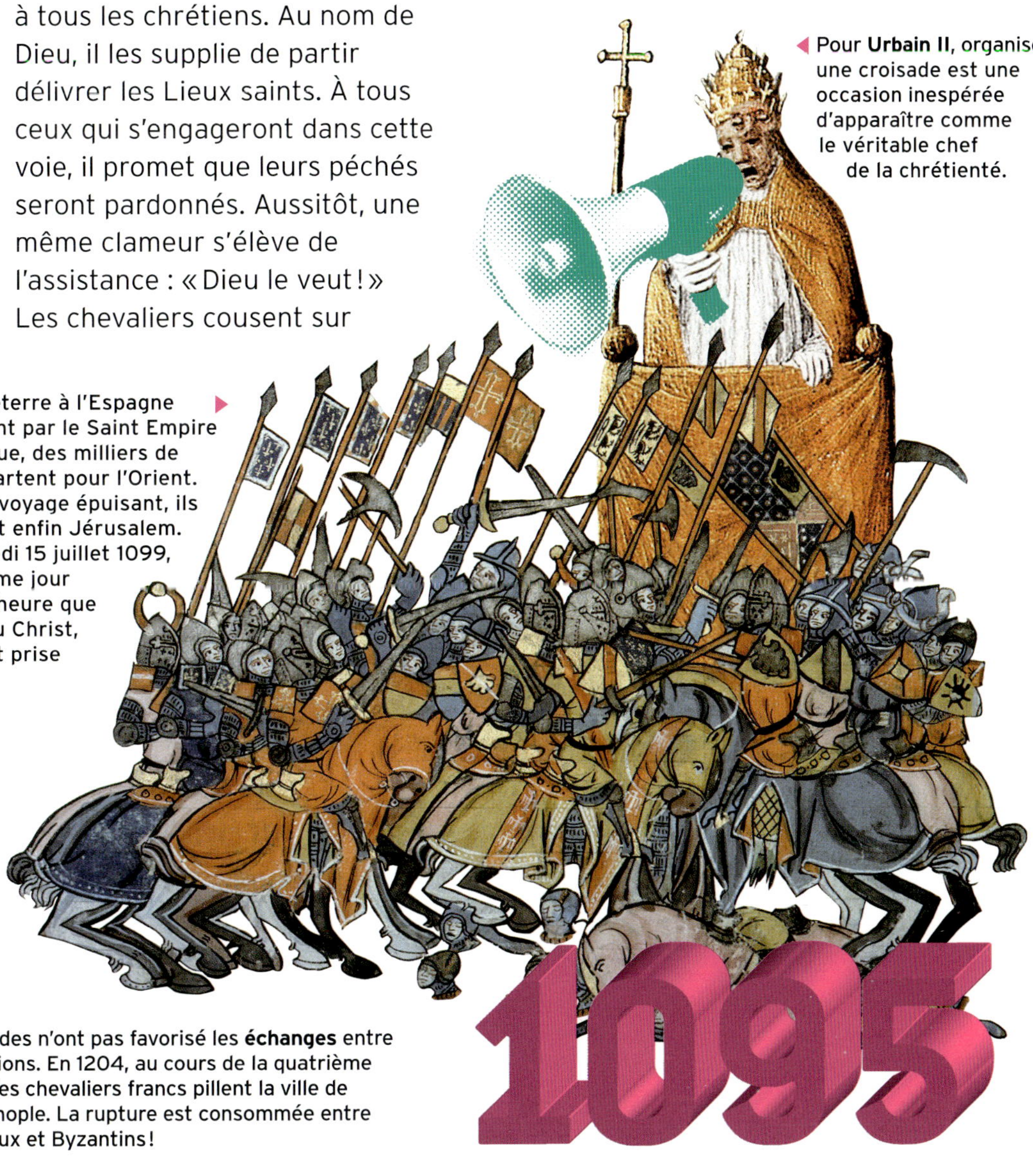


Pour **Urbain II**, organiser une croisade est une occasion inespérée d'apparaître comme le véritable chef de la chrétienté.

De l'Angleterre à l'Espagne en passant par le Saint Empire germanique, des milliers de **croisés** partent pour l'Orient. Après un voyage épuisant, ils atteignent enfin Jérusalem. Le vendredi 15 juillet 1099, à 3 h, même jour et même heure que la mort du Christ, la ville est prise et pillée.

Les croisades n'ont pas favorisé les **échanges** entre les civisations. En 1204, au cours de la quatrième croisade, les chevaliers francs pillent la ville de Constantinople. La rupture est consommée entre Occidentaux et Byzantins !

Par cet appel, le **pape** entend aussi imposer son autorité aux chevaliers d'Occident. → 12

32 CHEF-D'ŒUVRE ÉGLISE ROMANE

# À LA FAÇON ROMAINE

**Après les invasions barbares, les techniques artistiques des Romains sont perdues. Pourtant, entre 1025 et 1150, de nombreuses églises sont construites pour exalter la grandeur du Christ.**

**Des églises multicolores**
Ces églises sont appelées « romanes » car elles imitent les basiliques romaines. Comme elles, elles ont une longue galerie centrale, la nef, qui accueille les fidèles. Aujourd'hui, elles sont toutes blanches, mais il faut les imaginer multicolores car on sait que leurs façades étaient peintes au Moyen Âge. À l'intérieur, des fresques pouvaient recouvrir tous les murs. Mais ces peintures très fragiles n'ont pas résisté au temps à de rares exceptions près en Italie et en France. Avec les sculptures au-dessus des colonnes, des portes ou des fenêtres, elles rappellent les principaux épisodes de la Bible… et servent de livre de messe aux fidèles qui ne savent pas lire !

L'architecture carolingienne est issue d'un renouveau intellectuel lié à Charlemagne et à son couronnement

33 CHEF-D'ŒUVRE ÉGLISE GOTHIQUE

# SPLENDEURS GOTHIQUES

**À partir de 1140, les églises ne sont plus construites comme avant. Des innovations techniques donnent naissance à un nouveau style, l'art gothique.**

**La recherche de la lumière**
Au XII$^{e}$ siècle, on commence à trouver les églises romanes trop sombres. On cherche alors à y faire entrer la lumière. On les construit donc de plus en plus hautes et plus décorées. C'est le souhait du clergé qui veut ainsi célébrer la gloire de Dieu. Né dans les villes d'Île-de-France, l'art gothique donne aux églises une nouvelle dimension. La cathédrale de Noyon atteint 23 m de hauteur, Notre-Dame de Paris, 35 m, Notre-Dame de Chartres, 37 m. Record battu pour la cathédrale de Beauvais avec 47 m de haut… qui s'écroule peu de temps après sa construction ! Statues, gargouilles et ornements sculptés font de ces églises des dentelles de pierre. Les personnages s'humanisent ; les lignes sont précises et réalistes.

C'est dans la cathédrale de Reims que s'est déroulé le sacre de tous les **rois** de France, sauf trois.

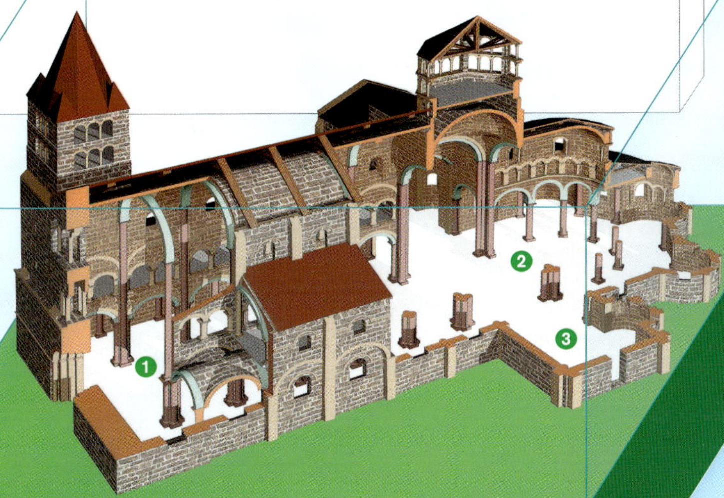

L'église de Nevers (construite de 1063 à 1097)

Ces églises romanes sont assez massives et pas très hautes, avec d'épais murs capables de supporter leurs lourdes voûtes de pierre.

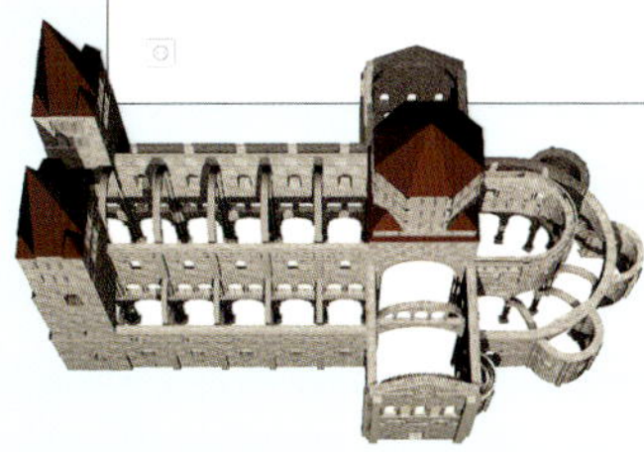

Vue aérienne

❶ Longue galerie centrale, la **nef** accueille les fidèles.

❷ Au bout de cette nef, on trouve le **chœur** où se tient le prêtre.

❸ Peu à peu, on rajoute le **transept** qui coupe la nef principale et donne à l'église la forme de la croix.

par le pape en **800**.

→ 15

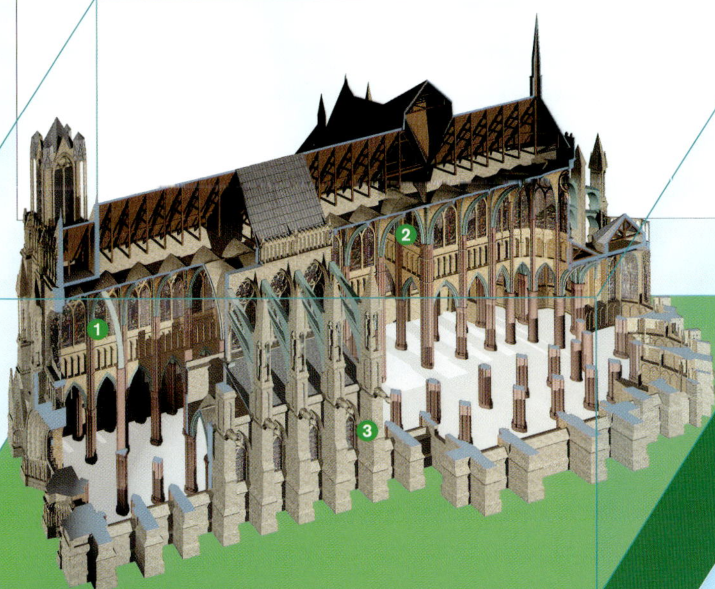

La cathédrale de Reims (construite de 1211 à 1275)

On utilise maintenant largement les vitraux, sorte de puzzle de verres colorés, qui, traversés par la lumière, font naître un arc en ciel de reflets.

Façade occidentale

❶ Elle combine deux **arcs brisés** qui permettent de répartir le poids de la voûte sur les piliers.

❷ Pour construire aussi haut, on a inventé une nouvelle technique : la voûte sur **croisée d'ogives**.

❸ **Les murs** sont donc moins épais. Et on peut y aménager des ouvertures pour faire rentrer la lumière.

→ 35

CHEF-D'ŒUVRE ▸ STATUE RELIQUAIRE

# 34 LA STATUE DE SAINTE-FOY DE CONQUES

**Grâce à la relique de sainte Foy, un modeste monastère d'Aveyron est devenu l'un des plus importants centres de pèlerinage d'Occident.**

La **statue** est exposée au fond de l'église, derrière une grille en fer forgé. Certains racontent qu'elle aurait rendu la vue à des aveugles.

Tous viennent se recueillir devant cette superbe statue représentant sainte Foy, une jeune chrétienne martyrisée par les Romains au début du IVe siècle. C'est un petit chef-d'œuvre ! Façonnée en bois, elle est couverte d'or et incrustée de pierres semi-précieuses, de camées et d'émaux.
Elle contient une relique très précieuse : un petit bout du crâne de sainte Foy. Le petit os est doublé d'argent et disposé dans une boîte de verre enchâssée dans la poitrine de la statue.

La statue de Sainte-Foy de Conques

L'église de Sainte-Foy de Conques est sur l'une des routes pour **Saint-Jacques-de-Compostelle**. → 39

RÔLE ▸ LE ROI

# 35 MAJESTÉ

**Banco ! Te voilà roi, le personnage le plus puissant du royaume. Sauras-tu régner avec clémence et autorité ?**

Descendant d'Hugues Capet, le **roi** de France est au XIIIe siècle, le souverain le plus puissant de tout l'Occident chrétien.

Fils aîné du roi de France, tu es sacré roi à la mort de ton père. Par le sacre, tu deviens le représentant de Dieu sur terre. Tu disposerais même de pouvoirs miraculeux comme celui de guérir, d'un simple toucher, les écrouelles, une maladie de peau. Ton royaume, tu te l'es taillé par la guerre, l'argent, les traités et les mariages. On t'appelle Sa Majesté et tout le monde te doit respect et obéissance.

### Le Roi

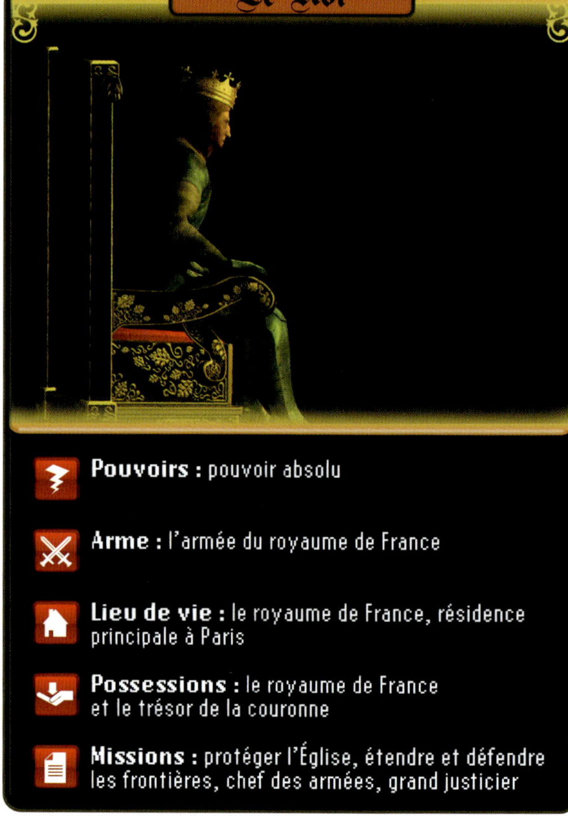

- **Pouvoirs :** pouvoir absolu
- **Arme :** l'armée du royaume de France
- **Lieu de vie :** le royaume de France, résidence principale à Paris
- **Possessions :** le royaume de France et le trésor de la couronne
- **Missions :** protéger l'Église, étendre et défendre les frontières, chef des armées, grand justicier

Depuis Hugues Capet, tous les rois de France sont sacrés par le **pape**. → 12

## 36 ANIMAL RENARD

# RENART UN ANTI HÉROS

***Le Roman de Renart* est la plus célèbre histoire d'animaux du Moyen Âge ! Écrit entre 1170 et 1250, il chante les exploits d'un renard rusé… pour mieux se moquer des hommes !**

*Le Roman de Renart* n'est pas une histoire unique, mais 29 récits composés par plusieurs auteurs. Largement inspiré des fables du Latin Ésope, il met en scène Renart, l'espiègle goupil qui se moque de tout et surtout du loup Ysengrin. Il rencontre un tel succès que son nom passe dans le langage courant et remplace le terme de goupil.

***Le roman de Renart*** met en évidence la férocité de l'homme et permet de rire des valeurs du monde médiéval.

Le mot « **renard** » s'écrivait « renart » jusqu'à la fin du XVIe siècle.

***Le Roman de la Table ronde*** est un autre grand succès de la littérature médiévale. → 05

## 37 LIEU ARSENAL DE VENISE

# LA PLAQUE TOURNANTE

**Au début du XVe siècle, Venise domine le commerce en Méditerranée grâce à ses navires, fabriqués dans l'Arsenal.**

L'**Arsenal** fut ceint d'une muraille en brique rouge longue de 3 km. Son rôle fut décisif dans la constitution de l'empire vénitien.

Fondé en 1104, l'Arsenal abrite un chantier naval, une manufacture d'armes et un ensemble d'entrepôts. 3000 personnes y travaillent, les *arsenalotti* : charpentiers, cordiers, scieurs de long, constructeurs de rames, forgerons, ainsi que les manœuvres, les portefaix et les débardeurs chargés de transporter le matériel. Des contremaîtres surveillent tout ce petit monde. À la fin du Moyen Âge, 50 navires peuvent être construits en même temps dans l'Arsenal.

Grâce à ses comptoirs et ses colonies, Venise domine le commerce en **Méditerranée**. → 42

38 **PERSONNAGE** — **FRÉDÉRIC BARBEROUSSE**

# L'EMPEREUR PACIFICATEUR

**Roi d'Allemagne et d'Italie, duc de Souabe et d'Alsace, comte palatin de Bourgogne et empereur germanique, Frédéric Barberousse est l'un des plus brillants souverains du Moyen Âge.**

Dès son arrivée au pouvoir, Frédéric rêve de restaurer le grand empire de Charlemagne. En 1155, il s'attire les bonnes grâces du pape Adrien IV qui le couronne aussitôt empereur. Mais Frédéric entre vite en conflit avec lui. Son armée décimée par une épidémie, il n'a d'autre choix que de faire la paix avec le pape en 1177. Pour prouver sa bonne foi, il lui annonce son départ en croisade. Mais à mi-parcours Frédéric se noie dans le fleuve Selef en Cilicie le 10 juin 1190.

Chevalier hors pair et bon chrétien, il est surnommé **Barberousse** en raison de la grande et longue barbe qu'il aimait mettre en valeur.

**CARTE D'IDENTITÉ**

**Date de naissance**
1122

**Nationalité**
Germanique

**Fonction**
Empereur romain germanique

**Signe particulier**
Barbe rousse

**Frédéric I**er de Hohenstaufen est choisi en 1152 par les princes électeurs allemands comme empereur germanique pour succéder à son oncle, Conrad III.

Frédéric Barberousse est élu empereur germanique comme Otton Ier le fut en **962**. → 17

# EN ROUTE POUR COMPOSTELLE !

**Après Jérusalem où le Christ a vécu et Rome, la ville du pape, Saint-Jacques-de-Compostelle est le troisième grand centre de pèlerinage du Moyen Âge.**

Compagnon du Christ, **saint Jacques** est décapité en Palestine. Son corps recueilli par ses compagnons est déposé dans une embarcation. Guidé par un ange, le bateau franchit le détroit de Gibraltar avant de s'échouer sur les côtes de Galice.

Des **pèlerins** portant des chapeaux décorés d'une coquille de pecten et tenant le bâton des marcheurs se dirigent vers Saint-Jacques-de-Compostelle.

Borne d'un chemin de Compostelle reconnaissable à sa **coquille** de pecten d'où le nom de coquille Saint-Jacques donné désormais à ce mollusque !

Vers 820, un ermite guidé par une étoile retrouve le tombeau de l'apôtre Jacques, miraculeusement transporté de Palestine. Rapidement, des miracles se produisent et le roi des Asturies fait édifier une église sur les lieux. Désormais on se presse vers le « Champ de l'étoile » ou *Campus stellae*. Deux siècles plus tard, les pèlerins, les Jacquets, affluent de toute l'Europe. Ils se rassemblent à Paris, Vézelay, Le Puy-en-Velay et Arles avant de se diriger vers la Galice. Une fois arrivés, ils ramassent sur le rivage des coquilles de pectens qu'ils accrochent à leur manteau ou leur chapeau comme preuve de leur voyage…

Le culte de saint Jacques est étroitement lié aux croisades (**1095**). → 31

# LE PARFAIT CHEVALIER

**Deuxième fils du roi d'Angleterre Henri II et d'Aliénor d'Aquitaine, Richard est le chevalier modèle, sans peur et sans reproche. Il gagne bientôt le surnom de « Cœur de Lion ».**

À 11 ans, Richard est intronisé duc d'Aquitaine. Soutenant sa mère, il entre en conflit avec son père. Mais la disparition de son frère aîné, en 1183, le laisse héritier du trône d'Angleterre. Il y monte bientôt. Roi d'Angleterre, il devient l'allié de Philippe Auguste et part avec lui pour la IIIe croisade. En Terre sainte, il est vite admiré pour son courage et sa témérité. Il reprend brillamment la ville de Saint-Jean-d'Acre et signe un traité de paix avec Saladin.

**Richard** revenait du combat tout hérissé de flèches, piquées dans sa cotte de mailles. Assis devant sa tente, il les arracha une à une en riant. Quand ses compagnons remarquèrent que la pointe avait pénétré dans sa peau, il dit en haussant les épaules : « des éraflures, des griffes de chat ! »

La prise de **Saint-Jean-d'Acre**, le 13 juillet 1191, fut l'occasion pour Richard de s'illustrer sinistrement en massacrant 3 000 soldats musulmans.

Parmi les **prisonniers**, il y avait 300 femmes et enfants qui furent aussi massacrés.

Courageux, fort, sachant manier les armes, Richard Cœur de Lion est le prototype même du parfait **chevalier**.

Au moment de rentrer en Angleterre, il est fait prisonnier par Léopold V d'Autriche qui le livre à Henri IV, empereur du Saint Empire romain germanique. Philippe Auguste profite de sa captivité pour essayer de lui prendre la Normandie. Une fois libéré après que sa mère Aliénor a payé une partie de la rançon demandée, Richard s'empresse de repartir en guerre contre le roi de France. Mais, au cours d'un siège, Richard est blessé par un archer, le 6 avril 1199, devant la ville de Châlus. Il ne se remettra pas de sa blessure.

Sa mère, **Aliénor d'Aquitaine**, est une des femmes les plus puissantes de son temps, 2 fois reine, 4 fois mère de souverains. Elle entretient une cour somptueuse à Poitiers, réputée pour ses troubadours, ses gens d'esprit, ses poètes et le raffinement de son train de vie, chose rare à l'époque.

## CARTE D'IDENTITÉ

**Date de naissance**
1157

**Nationalité**
Anglaise et française

**Fonction**
Roi d'Angleterre

**Signe particulier**
Un courage indéfectible

# LE SULTAN-CHEVALIER

**Face à la puissance des croisés, un homme prend en 1173 la tête de la résistance musulmane. C'est Saladin, le sultan-chevalier.**

**Un adversaire acharné...**
Sultan depuis 1171, Saladin est le principal adversaire des croisés en Terre sainte. Et quel adversaire ! Il vole de victoire en victoire. En juillet 1187, il profite des disputes entre les barons francs et les Templiers pour envahir le royaume chrétien de Jérusalem. L'armée croisée, encerclée sur la colline de Hattin, est anéantie et le roi de Jérusalem est fait prisonnier. La Ville sainte tombe le 2 octobre. Saladin, grand prince, permet aux vaincus de partir avec une partie de leurs biens. Dans la cité, il rend à l'islam l'église du Temple, mais laisse le Saint-Sépulcre aux chrétiens et le Mur des lamentations aux juifs.

**... mais respecté !**
L'homme force l'admiration de ses adversaires par ses prouesses militaires, mais aussi par sa bonté. Saladin finira par trouver un rival à sa mesure : Richard Cœur de Lion ! Bien qu'ennemis, les deux hommes se respectent

Après s'être emparé de Jérusalem le 2 octobre 1187, **Saladin** reçoit les clés de la cité des mains des dirigeants croisés. Sur sa lancée, il reprend les principales place fortes croisées.

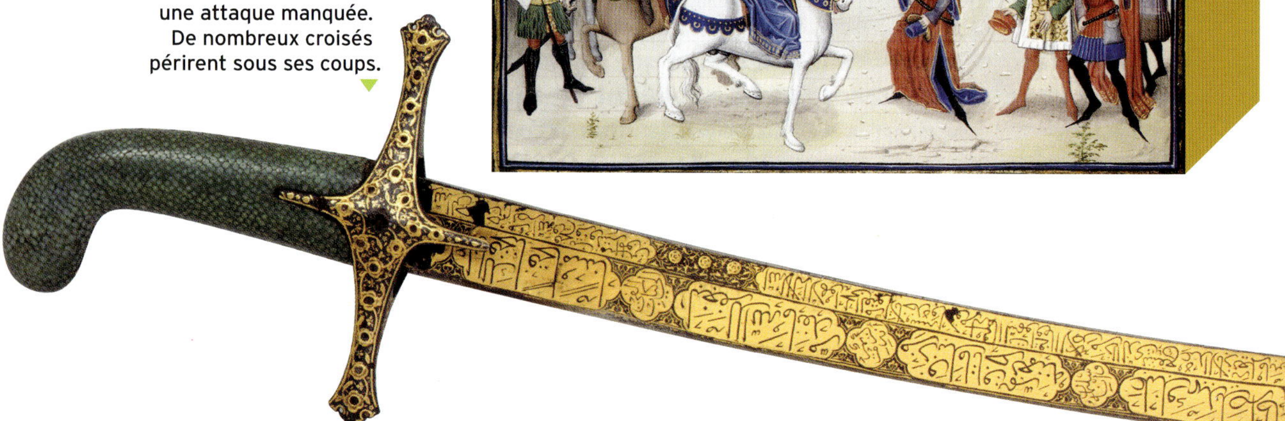

Le **cimeterre** est le sabre utilisé par les guerriers arabes. Sa lame courbée glissait sur les armures, et les cottes de maille, permettant ainsi rapidement de reprendre une attaque manquée. De nombreux croisés périrent sous ses coups.

Saladin, principal héros des deuxième (1147-1149) et troisième (1189-1192) croisades, fut le principal adversaire

énormément. Quand Richard tombe malade, Saladin lui envoie son médecin personnel et lui fait porter des glaces à la neige du Liban. Il a même le projet de marier la sœur de Richard avec son frère ! Les deux chevaliers arrivent à un accord pour Jérusalem en 1192 aux termes duquel la cité resterait musulmane mais serait ouverte aux pèlerins chrétiens. À sa mort, en 1193, il est regretté de tous, chrétiens comme musulmans. En Europe, sa réputation de souverain chevaleresque est telle qu'un poème épique du XIVe siècle célèbre ses exploits.

**CARTE D'IDENTITÉ**

**Date de naissanse**
1138

**Nationalité**
Arabe

**Fonction**
Prince kurde

**Signe de particularité**
Réunifie le monde musulman.

LIEU MÉDITERRANÉE

# 42 À LA CROISÉE DE TROIS CIVILISATIONS

**Après de longues années de repli, la Méditerranée redevient au XII^e siècle un espace stratégique. Trois civilisations se rencontrent : l'Occident chrétien, Byzance et le monde musulman.**

L'**art byzantin** est partout présent sur les rives de la méditerranée : aussi bien dans les îles de Chypre, de Rhodes ou de Sicile que dans le sud de l'Italie ou les côtes illyriennes.

**Les musulmans en Méditerranée**
À la fin de l'Empire romain, la Méditerranée est la proie des peuples venus d'Orient et du Nord. Ses ports, peu sûrs, sont de plus en plus désertés par les marchands. À partir du VII^e siècle, les musulmans font irruption en Méditerranée qui devient rapidement leur chasse gardée. Après avoir bien failli conquérir Byzance, ils s'emparent de la Syrie, de l'Égypte et de l'ancienne Africa romaine (Afrique du nord). Ils se servent des chantiers navals de Tyr et de Sidon (villes du Liban actuel) pour se confectionner une flotte redoutable qui écume les rivages méditerranéens. Chypre, la Sicile, l'Espagne et le sud de la Gaule passent bientôt sous domination musulmane.

**La Méditerranée, centre du monde médiéval**
À partir du VIII^e siècle, la situation s'équilibre. Peu à peu, les Latins reprennent le contrôle de la Méditerranée. En 751, Pépin le Bref en reconquiert les rivages occidentaux. Au XI^e siècle, les Normands s'insinuent en Italie du Sud jusqu'en Sicile tandis

**À l'ouest toute !**
Quand en 1453, l'empire byzantin s'effondre sous les coups des Ottomans, les puissances européennes se tournent vers l'ouest. La Méditerranée a fini de faire rêver. C'est maintenant au tour de l'Atlantique et des nouveaux mondes qui se trouvent au-delà.

Grand centre commercial, situé au carrefour de nombreuses routes, la Méditerranée est un lieu de prédilection

qu'en Espagne débute la reconquête des royaumes musulmans. La Méditerranée devient un grand carrefour commercial… et le terrain de tous les échanges. C'est le moment des croisades (1095 - 1270) qui tentent de réunir ses deux rives. Militairement, c'est un échec. Mais les connaissances des musulmans fascinent vite leurs adversaires chrétiens. Ils apprennent d'eux la médecine ou l'irrigation et leur transmettent à leur tour la science des fortifications. Malheureusement, au XIVe siècle, l'expansion ottomane vient bouleverser cet équilibre.

Au XIe siècle, les Normands s'installent en Italie du Sud et en chassent les Byzantins. Ils occupent aussi la Sicile où ils bâtissent des cathédrales dans un style architectural étonnant appelé « **arabo-normand** » ! Comme la cathédrale Notre-Dame de l'assomption à Palerme.

Cette mosaïque du Christ Pantocrator de Cefalu témoigne de l'influence byzantine.

Les tours de la cathédrale de Palerme datent du XIVe et XVe siècles. Chevets et motifs géométriques d'inspiration arabe décorent la façade.

Le **cloître**, de type clunisien, reflète la grande valeur artistique des artisans siciliens qui surent conjuguer des thèmes décoratifs byzantins, arabes et normands.

L'église fut transformée en Mosquée au IXe siècle puis restituée au culte chrétien par les Normands en 1072.

pour les **marchands** du monde entier.

# CONSTANTINOPLE, MISE À SAC

**En 1204, la quatrième croisade se transforme en une gigantesque razzia. Elle se détourne de Jérusalem et prend pour cible la riche cité de Constantinople.**

**Une étrange croisade**

En 1198, le pape Innocent III décide de lancer la IVe croisade. Mais, faute d'argent, elle ne peut partir qu'en 1201. Pour rattraper le temps perdu, on a opté pour la voie maritime. En 1202, les croisés se réunissent donc à Venise qui a accepté de fournir les navires de transports contre la somme de 85 000 marcs d'or. Les croisés n'ont malheureusement que 50 000 marcs. Qu'à cela ne tienne : on donne les bateaux à condition que les croisés aident Venise à reprendre le port de Zara. Après la prise de la ville, Alexis Ange, fils de l'empereur byzantin Isaac II détrôné en 1195, propose aux croisés de rétablir son père contre 200 000 marcs. L'accord est conclu et, le 23 juin 1203, l'armée croisée est devant Constantinople.

Après un siège terrible, la **capitale** tombe le 12 avril 1204 ; l'usurpateur est chassé. Isaac II est rétabli mais il est incapable de tenir les promesses faites aux croisés… Impatients, ces derniers prennent la ville et la pillent de fond en comble.

C'est dans l'intérêt de **Venise** que la quatrième croisade a été détournée de Jérusalem. →

# LES LOGOS DU MOYEN ÂGE

**Aigles, lions, ours, lys, croix… Sur les étendards, les sceaux ou les boucliers, les hommes du Moyen Âge adorent les symboles ! À tel point qu'ils en ont fait un art : l'héraldique.**

**Signe de reconnaissance**

Pour se faire reconnaître, les chevaliers utilisent des symboles, les blasons ou armoiries. C'est un bon moyen de faire savoir qui l'on est : seigneur ou vassal. Dans une société presque complètement illettrée, les blasons servent de signatures, prouvant la noblesse des grandes familles. Au fil des mariages, ils se compliquent et se mélangent. Parfois, un blason révèle un message hautement politique. Ainsi, lorsqu'il s'est proclamé roi de France en 1340, Édouard III d'Angleterre a associé les léopards anglais et les lys français. Une véritable déclaration de guerre !

Les chevaliers arboraient leur blason lors des **tournois** pour qu'on les reconnaisse. → 24

LIEU ▸ PARIS

45

# PARIS, CENTRE DU MONDE

**La ville s'est d'abord appelée Lutèce. Bien plus tard, elle prend le nom de Paris et devient la résidence principale des rois de France ainsi qu'un important carrefour commercial.**

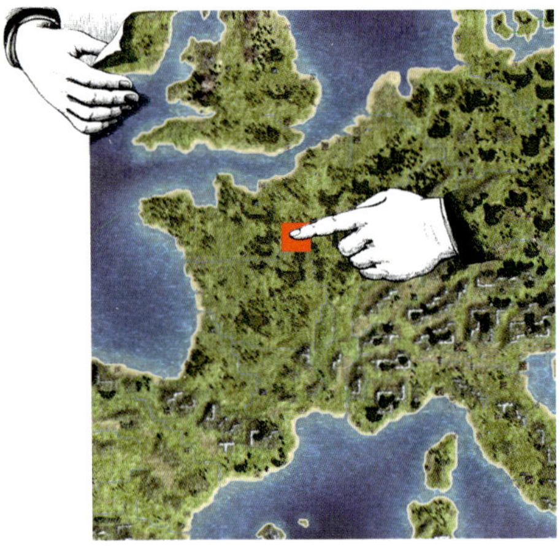

**Paris** est un grand port fluvial construit le long de la Seine. C'est sur la rive droite que sont concentrées les activités économiques.

## Du bourg à la capitale

Au tout début du Moyen Âge, Paris est loin d'être une ville de premier plan. C'est un gros bourg qui ne possède que deux rues principales et qui a dû se fortifier au IIIe siècle au moment des premières invasions. Au même moment, la ville prend le nom de ses premiers habitants, les Parisii. C'est pourtant là que Clovis choisit de se faire enterrer. Au Xe siècle, l'arrivée au pouvoir des ducs de la ville, Robert et Eudes, la confirme dans ce rôle. Et avec Hugues

Un groupe de riches négociants contrôle ce fructueux commerce fluvial : **la guilde** des marchands de l'eau. Installé dans la Maison des Piliers, sur la place de Grève, leur chef, le prévôt des marchands, est même l'un des principaux personnages de la capitale. ❶ Leur symbole, un navire, va devenir plus tard l'emblème de la ville de Paris.

Au XIIe siècle alors que Paris est en pleine expansion, l'évêque de Paris, Maurice de Sully, décide de reconstruire une cathédrâle dédiée à la Vierge sur le site de la cathédrale Saint-Étienne afin d'affirmer le rôle de haut-lieu de formation intellectuelle de Paris. La première pierre de Notre-Dame de Paris fut posée en 1163, ce projet est au centre d'un gigantesque projet urbain.

Devenue ville royale en 987 sous le règne d'Hugues Capet, Paris fut le lieu de résidence de nombreux **rois** de France.

1 Blason de Paris.

Capet en 987, elle devient ville royale. Paris se développe considérablement à partir du XI$^{e}$ siècle.

**Un centre culturel**

La vie intellectuelley est très active. Ses écoles sont célèbres dans toute l'Europe. Parallèlement, la ville ne cesse de grandir et s'étend sur les deux rives.

La rive droite devient le quartier des affaires. La rive gauche, le « quartier latin » des clercs et de l'Université, fondée en 1200. En 1257, le maître de théologie, Robert de Sorbon y fonde un collège pour étudiants pauvres : la future Sorbonne. La population de la ville est passée de 25 000 habitants à plus de 250 000 en 150 ans !

Le long de la Seine, sur le port de Grève, on débarque les tonneaux de vin, du bois et les harengs de Normandie, et les sacs de sel venant de l'Atlantique. Pendant ce temps, place de Grève, les commerçants négocient leurs affaires et les ouvriers se pressent à la recherche d'un travail.

SYMBOLE LYS

# 46 L'EMBLÈME ROYALE

**Au cours du Moyen Âge, la fleur de lys est devenue l'emblème de la royauté française. Elle n'a pas été choisie au hasard...**

C'est l'abbé Suger qui, le premier, a conseillé au roi Louis VII (1137-1180) d'arborer cette fleur. Le lys est le symbole de Marie, la mère du Christ. Le message est clair : comme la Vierge, le roi de France est l'intermédiaire entre Dieu et les hommes. Au XIII$^{e}$ siècle, les fleurs de lys sont représentées par trois pour symboliser le Père, le Fils et le Saint-Esprit. Bref, la France est bien « la fille aînée de l'Église » !

Pour les grandes occasions, les **rois de France** arborent, à la fin du XIII$^{e}$ siècle, un semis de petites fleurs de lys sur fond azur.

La fleur de lys est devenue au XIII$^{e}$ siècle le symbole des rois sous **Hugues Capet**. → 21

SYMBOLE LÉOPARD

# 47 DES INSIGNES ANGLAIS

**Angleterre, Normandie, Aquitaine... Les léopards rugissent sur les bannières de nombreux rois ou princes d'Occident.**

Au milieu du XII$^{e}$ siècle, le roi d'Angleterre Henri II Plantagenêt choisit comme emblèmes ces animaux qui incarnent la force, le courage et l'ardeur au combat. Mais, au fil des ans, la taille des boucliers diminue... et son fils Richard Cœur de Lion arbore en 1194 un bouclier avec seulement trois léopards. Le blason de l'Angleterre est né. Les Anglais imposent ce symbole aux pays conquis. C'est pourquoi l'Aquitaine a un léopard et la Normandie, deux.

À la fin du Moyen Âge, les héraldistes anglais rédigent des répertoires d'armoiries, les armoriaux. Un motif revient régulièrement : les fameux léopards.

Les léopards sont des figures courantes en **héraldique**, au Moyen Âge. → 44

SYMBOLE ▸ AIGLE

48

# IMPÉRIAL

**C'est l'un des symboles les plus répandus, avec son bec de profil, sa langue tirée, ses ailes grandes ouvertes, ses plumes déployées et ses serres bien écartées.**

En héraldique, l'aigle est toujours femelle. Elle représente l'Empire romain. Pas étonnant que Charlemagne, fasciné par Rome, l'ait adoptée, après son couronnement ! Une variante est promise à un bel avenir : l'aigle à deux têtes. Elle est utilisée par les empereurs byzantins, germaniques et russes, pour montrer qu'ils ont un double pouvoir, à la fois politique et religieux.

Dès le XIII$^{e}$ siècle, l'aigle à deux têtes devient le symbole de l'**Empire byzantin**.

La figure de l'**aigle** se répand en Europe de l'Est, notamment en Prusse, en Pologne et en Bohême..

L'aigle bicéphale fut emprunté par la Russie à l'Empire byzantin après **1453**.

→ 60

ANIMAL ▸ LICORNE

49

# LA PURETÉ

**C'est la créature fabuleuse la plus célèbre du Moyen Âge. Ce cheval blanc à la longue corne en spirale a fasciné des générations d'Européens.**

La licorne ne représente pas seulement le monde sauvage. Elle incarne aussi la pureté, la sagesse et l'honnêteté... C'est pourquoi elle est souvent associée à une jeune fille. À partir du XIII$^{e}$ siècle, la licorne devient le symbole de l'esprit chevaleresque et de l'amour courtois.

Blessée d'un coup de lance, **la licorne** se réfugie auprès d'une jeune fille. C'est l'un des thèmes les plus fréquents au Moyen Âge. Il associe la violence des chevaliers à la pureté de la Dame.

La licorne est l'emblème de l'**amour courtois**.

→ 25

LIEU ALHAMBRA

# 50 LA PERLE DE L'ISLAM

**Véritable paradis mauresque, l'Alhambra est, avec la Grande Mosquée de Cordoue, l'un des plus grands chefs-d'œuvre de l'architecture de l'Espagne musulmane.**

Après la décadence de Cordoue, la brillante civilisation musulmane trouve refuge à Grenade. C'est là, sur une colline, qu'est construit le palais de l'Alhambra. Son nom vient de l'arabe *al hamra* qui signifie rouge. Il lui a été donné à cause de la couleur pourpre de ses murs au moment du coucher du soleil. Sa construction débute en 1238 sur ordre d'Al Hamar et s'achève entre 1333 et 1354 par l'édification des parties les plus prestigieuses du palais.

L'intérieur du palais de l'Alhambra possède des endroits magiques, telle la célèbre **cour des Lions** qui doit son nom à la fontaine qui orne son centre. La cour est entourée de galeries et de kiosques.

L'**Alhambra** est une succession de cours ornées de fontaines et entourées de jardins. Après la chute de Grenade, les rois catholiques souhaitent effacer toute trace de l'islam en Espagne. Mais le château rouge est tellement superbe qu'il devient résidence royale.

La Grande Mosquée de **Cordoue** est un autre chef-d'œuvre de l'architecture musulmane. → 08

# UN ROI JUSTE ET SAGE

**Roi de Castille et de León pendant la reconquête de l'Espagne sur les Maures, Alphonse X est avant tout un intellectuel et un grand protecteur des arts.**

### Un roi très occupé

Quand il monte sur le trône en 1252, la Reconquista de l'Espagne bat son plein. Il y participe activement mais en même temps, il cherche à développer son royaume en organisant de nombreuses foires et en créant la Mesta, association d'éleveurs transhumants.

### Un passionné des lettres

Alphonse X est passionné par les lettres et se préoccupe de donner à son peuple des lois justes et communes à tous. Du coup, il commence un vaste travail juridique et rédige *Las Siete partidas* (*Les Sept Parties*), qui officialise l'usage du castillan.

Au centre, **Alphonse X** siège depuis son trône. Il est entouré de deux moines qui, sous sa dictée, écrivent appuyés sur leurs genoux. Plusieurs lettrés sont présents.

Le **château** est le symbole de la province de la Castille.

Le **lion** est le symbole de la province de León.

Le **roi** est aussi historien, poète et même astronome ! Sa cour réunit les plus grands artistes de toute l'Espagne, chrétiens, juifs comme musulmans.

### CARTE D'IDENTITÉ

**Date de naissance**
1221

**Nationalité**
Anglais et français

**Fonction**
Roi de Castille et León

**Signe particulier**
Un amoureux des livres

Une fois **Cordoue** reconquise sur les musulmans en 1236, l'aura de la ville déclina. → 08

# 52 INFO OU INTOX ?

***Le Livre des merveilles* est l'un des plus grands best-sellers du Moyen Âge. Écrit en 1295, il retrace les voyages de Marco Polo dans l'empire de Chine.**

## Un voyage extraordinaire

Son auteur, Rustichello de Pise, est devenu célèbre en écrivant des romans de chevalerie où la réalité côtoie le merveilleux. Il n'a pas seulement rédigé ce que Marco Polo lui racontait. Pour rendre le récit encore plus attrayant, il a inventé des créatures merveilleuses : hommes à une jambe ou à tête de chien des îles Andaman, serpents monstrueux du pays de Caragian. Tout est bon pour plaire aux lecteurs ! Au cours de ses missions en Chine, Marco Polo a rédigé de nombreux rapports détaillés sur le pays. C'est pourquoi *Le Livre des merveilles* est d'abord un documentaire. Comme un reporter, Marco Polo décrit minutieusement le port de Qinsaï, la largeur des canaux, des rues et des places dont l'une peut accueillir 40 000 personnes ! Il remarque que, chaque jour, ce sont plus de 1000 charrettes pleines de soieries qui entrent dans la ville.

En 1295, **Marco** rentre à Venise, après 25 ans de voyages en Asie. Mais, en 1298, lors d'une bataille, il est fait prisonnier par les Génois. Au cours de sa détention, il rencontre un écrivain à succès, Rustichello de Pise. Marco Polo va lui raconter ses voyages et, sous sa dictée, Rustichello les rédigera. C'est lui le véritable auteur du *Livre des merveilles* !

Marco Polo, auteur du Livre des merveilles était issu d'une famille de **marchands** de Venise.

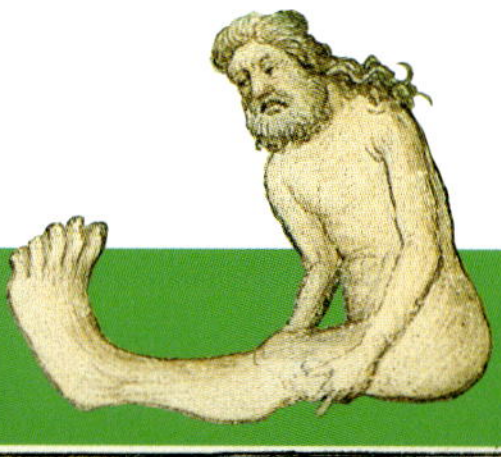

Au Moyen Âge, les contrées inconnues sont peuplées de créatures surnaturelles. Dans Le *Livre des merveilles*, Marco Polo prétend avoir rencontré des cyclopes, des cynocéphales, des sirènes, etc.

Utilisé en cuisine, le **poivre** avait jadis une telle valeur qu'il servait de monnaie d'échange au même titre que l'or.

Pierres précieuses, épices, soieries… Marco Polo est émerveillé par les **richesses** de l'Asie. Ses récits vont faire rêver des générations de navigateurs, assoiffés d'or et de gloire.

→ 58

53 DATE 1337, DÉBUT DE LA GUERRE DE 100 ANS

# L'ORIGINE DE LA GUERRE DE 100 ANS

**Charles IV, dernier fils du roi de France Philippe IV, meurt sans héritier direct. Plusieurs candidats prétendent à sa succession, notamment Édouard III, roi d'Angleterre.**

**La fin du « miracle capétien » ?**
Depuis 987, les Capétiens n'ont jamais eu de problèmes de succession. Ils ont toujours eu la chance d'avoir des garçons. C'était le « miracle capétien » ! Une seule fois, en 1316, une fille fut l'unique héritière. Pour s'imposer, Philippe, le frère du roi défunt, utilisa un argument de poids. Selon lui, « femme ne succède pas au royaume de France ». Grâce à ce stratagème, il réussit à se faire proclamer roi sous le nom de Philippe VI.

**Deux prétendants pour un trône !**
La situation se complique en 1328. Cette année-là, Charles IV, le dernier fils du roi Philippe IV le Bel, meurt sans laisser d'héritier mâle. Plusieurs candidats s'affrontent pour sa succession. Parmi eux, Philippe de Valois, le fils d'un frère de Philippe IV, et surtout... Édouard III Plantagenêt ! Le roi d'Angleterre se targue d'être le petit-fils de Philippe IV le Bel, par sa mère Isabelle, et donc le plus proche parent mâle de Charles IV. La tension monte entre les deux prétendants... Philippe de Valois lui répond que les femmes ne peuvent transmettre la couronne de France. Encore une fois, l'argument fonctionne à merveille. Les Grands du royaume se réunissent et le désignent comme roi de France sous le nom de Philippe VI.

**La guerre est déclarée !**
Édouard III se soumet, la mort dans l'âme. En 1329, il rend hommage à Philippe VI pour ses possessions françaises. Mais sa soumission est de courte durée. Il multiplie les provocations. Il commence par interdire l'exportation de laine anglaise vers la Flandre, une alliée de la France. Puis il refuse de livrer Robert d'Artois, un seigneur célèbre pour ses complots contre Philippe VI. C'en est trop ! Le 13 mai 1337, le roi de France s'empare de la Guyenne. En réaction, Édouard III se proclame... roi de France ! La guerre est déclarée... Elle durera 116 ans !

Les premières batailles de la guerre de Cent Ans sont catastrophiques pour les chevaliers français.

La **course au trône** de France est lancée. Qui d'Édouard III Plantagenêt et de Philippe de Valois remportera la victoire ? La France deviendra-t-elle anglaise ? Fin mot de l'histoire dans 116 ans !

Ils sont balayés par les tirs des **arcs longs anglais**. → 54

# LA MITRAILLEUSE DU MOYEN ÂGE

**Crécy, Poitiers, Azincourt... Entre 1346 et 1415, l'armée du roi d'Angleterre collectionne les victoires contre les Français. Sa puissance repose en grande partie sur l'emploi du grand arc.**

**À la bataille de Crécy en 1346,** les Anglais infligent une cuisante défaite aux Français. Ils disposent en effet des meilleurs archers d'Europe : les mercenaires gallois recrutés par le roi d'Angleterre.
À la fois puissants et habiles, obéissants et attentifs, ils font des ravages dans les rangs ennemis.
L'arc est façonné d'une seule pièce d'if ou de frêne, et mesure jusqu'à 2 m. Il est doté à ses deux bouts d'une gaine en corne permettant de fixer la corde de lin.
La flèche est formée d'une tige de bouleau ou de frêne terminée par une pointe en fer. Pour percer l'armure d'un chevalier, l'archer utilise une flèche à pointe lisse et acérée. S'il vise des fantassins ou des chevaux, il choisira une pointe à barbillons qui s'incruste profondément dans les chairs.

**En face, le roi de France** utilise les services de mercenaires génois, experts dans le maniement de l'arbalète. Cette arme est à la fois puissante et fragile. L'arbalète est un manche de frêne sur lequel est fixé un petit arc en corne ou en fer.
Il est doté d'une manivelle, le moufle, qui permet de bander la corde.
Le carreau, taillé dans du frêne, mesure 30 cm. Mais il est bien plus épais qu'une flèche.
La pointe est triangulaire ou barbelée, selon l'usage.
Le carreau peut perforer des armures et des cottes de mailles à 150 m de distance. Elle peut tirer des carreaux à 300 m mais un arbalétrier ne peut lancer que deux carreaux à la minute. De plus, avant la bataille de Crécy, les Génois n'ont pas pris soin de protéger leurs armes de la pluie. La corde des arbalètes s'est distendue, rendant les tirs beaucoup moins puissants.

L'avantage fourni aux Anglais par l'arc sera balayé par l'invention de la **poudre à canon**.

**L'ARBALÈTE**

**⊕ Performances**

L'arbalète peut tirer des carreaux à 300 m et perforer des armures et des cottes de mailles à 150 m.

**⊖ Défauts**

Sa manipulation prend du temps : 2 carreaux à la minute... Elle rend aussi l'arbalétrier très vulnérable. C'est pourquoi il doit être protégé par un grand bouclier, la targe, porté par un soldat, le pavesier. Attention ! Le moufle s'enraye fréquemment et la corde de l'arbalète ne supporte pas l'humidité.

**L'ARC**

**⊕ Performances**

La flèche peut transpercer une armure à 100 m de distance !
La vitesse de tir est alors impressionnante : 12 flèches à la minute !

**⊖ Défauts**

L'arc anglais est difficile à manier pour un débutant.
Il nécessite un long apprentissage.

→ 56

DATE 1348, DÉBUT DE LA PESTE NOIRE

# 55 LA PESTE S'ABAT SUR L'EUROPE

**À partir de 1347, une terrible épidémie frappe l'Europe : la peste. Très contagieuse, elle se développe rapidement pour causer la mort de 25 millions de personnes en seulement cinq ans.**

**Transmise par les rats noirs qui accompagnent les troupes ottomanes, la peste gagne la mer Noire puis la Méditerranée. De là, elle emprunte les grandes voies commerciales et s'étend à toute l'Europe.**

**En Flandre, comme ailleurs, le nombre des morts est élevé. On se dépêche de les enterrer afin de limiter l'épidémie.**

Depuis le VI^e siècle, la peste n'a plus touché l'Europe. Mais voilà qu'en 1347, elle réapparaît avec une violence inouïe. En décembre 1347, elle est à Marseille, à Paris en juin 1348, à Londres et Francfort en 1349. En 1350, elle atteint même la Suède ! Il existe deux formes de peste : pulmonaire et bubonique. La première se transmet d'une personne infectée à une autre par la toux. Elle conduit à une mort presque certaine. La peste bubonique, en revanche, affecte toute personne piquée par les puces du rat. Elle provoque des ganglions (les bubons) et des troubles nerveux. Les trois quarts des malades meurent généralement en moins d'une semaine. Du coup, pas de remède à la peste… à part la fuite ! En peu de temps, la France perd le tiers de sa population, la Catalogne, 50 % et l'Angleterre, 70 % !

La peste noire s'est répandue dans toute l'Europe depuis le port de Marseille, grand port de commerce

Les médecins de l'époque ne savent pas comment soigner la peste qui se manifeste par l'apparition de ganglions douloureux et de fortes fièvres.

À cette époque où la peste fait des ravages, la mort est souvent représentée sous les traits de la grande faucheuse : squelette tenant une faux avec laquelle elle entraîne les vivants dans la mort.

en **Méditerranée**.

INVENTION POUDRE À CANON

56

# UNE RÉVOLUTION MILITAIRE

**La poudre noire a révolutionné la guerre en Occident. Face à cette nouvelle arme, les chevaliers sont démunis, les archers impuissants et les remparts des châteaux bien fragiles...**

Lors du **siège d'Orléans**, en 1428, les Anglais installèrent de nombreux canons dans le but de faire écrouler les remparts de la ville.

Au X$^{e}$ siècle, les Chinois obtiennent, en mélangeant du charbon, du salpêtre et du soufre, une poudre noire qui explose à la moindre étincelle. Quatre siècles plus tard, cette étrange matière fait son apparition sur les champs de bataille d'Occident. À Crécy, en 1346, les Anglais terrorisent les Français avec leurs quatre bombardes. En 1453, le roi de France Charles VII parvient à vaincre les archers anglais grâce à ses 300 canons !

**LA BOMBARDE, MODE D'EMPLOI :**
❶ Les boulets de plomb puis de fer mesurent jusqu'à 50 cm de diamètre.
❷ Le canon est une barrique de fer puis de bronze cerclée. Il doit mesurer au moins 5 fois le calibre du boulet.
❸ Il est encastré dans un affût de bois, sur un chevalet.
❹ Avec une cuillère de bois, la lanterne, la poudre est déposée dans une « chambre », une boîte reliée au fût par un petit trou, la lumière.
❺ On place de l'étoupe ou du foin au fond du canon pour faciliter l'explosion. Le tout est tassé grâce à une tige de fer, le refouloir.
❻ Il suffit alors d'enflammer la poudre avec une mèche.

Les boulets de plomb brisent les remparts des **châteaux forts**, rendant leur défense inutile. → 27

PERSONNAGE JEANNE D'ARC

# 57 SAINTE OU SORCIÈRE ?

**En 1428, une grande partie de la France est occupée par l'Angleterre. Seul résiste Charles VII qui se considère comme le vrai roi de France.**

Jeanne d'Arc, fille de laboureur, se dresse contre les Anglais. Elle dit avoir entendu des voix qui lui auraient imposé de faire sacrer Charles VII et de bouter les Anglais hors de France ! À force de courage, elle parvient à convaincre le roi qui lui fournit des armes et des hommes.
À la tête d'une armée, elle libère Orléans en 1429 puis fait sacrer Charles VII, à Reims, au terme d'une incroyable chevauchée. Mais Jeanne est capturée par les Bourguignons qui la livrent aux Anglais. Emprisonnée, elle est interrogée et jugée. Après cinq mois de procès, elle est condamnée et brûlée vive, le 30 mai 1431, à Rouen.

À la tête de son armée, Jeanne d'Arc brandit un **étendard blanc** qui représente le Christ bénissant une fleur de lys tenue par des anges.

**CARTE D'IDENTITÉ**

**Date de naissance**
1412

**Nationalité**
Française

**Fonction**
Faire sacrer Charles VII

**Signe particulier**
Entend des voix

Depuis le XIX^e siècle, la figure de Jeanne d'Arc est utilisée pour illustrer le courage et le patriotisme français.

Jeanne d'Arc est l'une des grandes figures de la guerre de Cent Ans, lancée en **1337**. → 53

58 RÔLE MARCHAND

# À LA FOIRE

**Te voilà marchand, ta situation n'est pas à plaindre ! À partir du XIe siècle, la population augmente, les villes se développent et l'économie est florissante. Une aubaine pour le marchand !**

### Un destin mercantil

Tu es né à Provins, dans une famille modeste. À 7 ans, tu te fais repérer par un marchand qui devient ton maître et t'enseigne le métier durant un apprentissage de huit ans. Aujourd'hui, tu as ton propre commerce de peaux mais tu appartiens à une guilde, une corporation. Chaque année, tu te rends aux fameuses foires de Champagne, à Lagny, Bar-sur-Aube, Provins et Troyes, et déballes ta marchandise sur la place du marché : c'est la « montre ». La vente se fait dans un certain ordre, d'abord les draps et les étoffes, puis les cuirs et les peaux avant les épices et les colorants. Elle durera trente jours ! Le 40e jour, on fait les comptes ! Pour être payé, tu acceptes les ducats, les florins de Florence ou les deniers de Provins. Tu prends aussi les lettres de change, l'ancêtre du chèque !

**Le Marchand**

**Pouvoirs :** seul, il a peu de pouvoir; rassemblé en guilde son influence peut être grande.

**Arme :** l'argent, et sa tchatche

**Lieu de travail :** en ville et sur les foires et les marchés, de l'Europe du Nord à l'Italie.

**Possessions :** sa (ou ses) boutique(s) et sa marchandise

**Missions :** faire prospérer son commerce

Les marchands voyageaient beaucoup comme le montre le **Livre des merveilles**. → 52

RÔLE BRIGAND COQUILLARD

# 59 LA BOURSE OU LA VIE

**Tu es brigand coquillard ! Tu fais régner la terreur dans les ruelles sombres et tortueuses du quartier du Temple à Paris. La nuit, il ne fait pas bon tomber sur toi ou sur quelqu'un de ton espèce !**

**Le Brigand**

**Pouvoirs :** dénué de morale, il n'hésite pas à tuer pour détrousser ses victimes

**Arme :** le poignard

**Lieu de vie :** le quartier du Temple à Paris

**Possessions :** son butin

**Missions :** escroquer les seigneurs et les bourgeois

## Enfant des rues

Tu vois comme une aubaine d'appartenir aux Coquillards, véritable mafia dirigée par un « roi de la Coquille », Regnault Dambourg. Pour communiquer, vous utilisez une langue codée, le « jobelin ». Vers 1400, vous êtes plusieurs centaines de membres : coupeurs de bourses, crocheteurs de serrures, proxénètes, gardes du corps, tricheurs et assassins... Pour ta part, ta spécialité reste le « charriage », c'est-à-dire l'escroquerie. Tu trouves une victime, un « godiz », c'est-à-dire un riche bourgeois, et lui vends un « plant », le plus souvent des fausses pierres précieuses. S'il résiste, tu n'hésites pas à le « bazir », à le tuer, d'un violent coup de poignard, avant de le détrousser.

Les **Coquillards** ont commencé par vendre des coquilles Saint-Jacques en se faisant passer pour des pèlerins, d'où leur nom. Ils profitaient de leur déguisement pour détrousser de vrais pèlerins.

En **1455**, les Coquillards furent arrêtés, jugés et condamnés à être pendus haut et court !

Les brigands font régner la terreur dans le quartier du Temple à **Paris**. →

**60** **DATE** 1453, CHUTE DE CONSTANTINOPLE

# LA FIN DU MOYEN ÂGE

**Au milieu du XVe siècle, l'Europe connaît de nombreux bouleversements politiques, culturels ou technologiques. C'est bientôt la fin du Moyen Âge et le début de l'Époque moderne.**

**Le tournant de la bataille de Castillon**

Au milieu du XVe siècle, les Français remportent une grande victoire et mettent fin à la guerre de Cent Ans qui dure depuis 116 ans. Le choc décisif a lieu le 17 juillet 1453 à Castillon. L'artillerie française, forte de 300 pièces, commandée de main de maître par les frères Bureau, cloue sur place les troupes anglaises. Cette victoire est aussi la première bataille moderne.

Pour accéder aux routes de la soie et profiter des richesses des Indes, les Européens ouvrent de nouvelles voies vers l'Asie, mais cette fois par la mer. C'est lors de l'une de ces expéditions que **Christophe Colomb** découvre en 1492 l'Amérique !

Les Portugais inventent un nouveau type de navire, plus léger et plus maniable : la **caravelle.**

La bataille de Castillon en France met un terme à la guerre de Cent Ans commencée en **1337**.

Le succès de l'**imprimerie** est immédiat. Elle se développe partout en Europe et facilite ainsi la diffusion du livre autrefois réservée à quelques érudits.

1450

L'armée turque de Mehmed II attaque la ville de **Constantinople** au printemps 1453. Au centre, des soldats pointent des canons sur la ville tandis que d'autres traversent la Corne d'Or.

1453

## La révolution de l'imprimerie

Vers 1450, Gutenberg révolutionne la fabrication des livres. Il enduit d'encre grasse des caractères mobiles en plomb et les imprime ensuite sur du papier. L'imprimerie permet de fabriquer en même temps 500 livres identiques de façon plus rapide et plus rentable que la copie à la main. Son premier grand livre imprimé de cette manière est la Bible en 1455.

## La chute de Constantinople

Depuis le XIVe siècle, les empereurs byzantins n'exercent plus le pouvoir qu'autour de Constantinople. Le 29 mai 1453, après quarante jours de siège, la ville tombe aux mains des Turcs. C'est la fin du Moyen Âge ! Après la chute de la cité, les savants byzantins se réfugient en Italie avec livres et bagages. Ils sont à l'origine de la Renaissance.

# LES ROIS DE FRANCE DU MOYEN ÂGE

### Mérovingiens

**Clovis Ier** (481 - 511)
*Après Clovis, le royaume des Francs n'est de nouveau unifié que durant de courtes périodes sous les règnes de :*
**Clotaire Ier** (558 - 561)
**Clotaire II** (584 - 629)
**Dagobert Ier** (629 - 639)
**Thierry III** (675 - 690)
*Le pouvoir réel est exercé de 687 à 714 par le maire du palais Pépin de Herstal, père de Charles Martel.*
**Clovis IV** (691 - 695)
**Childebert III** (695 - 711)
**Dagobert III** (711 - 715)
*Le pouvoir réel est exercé de 714 à 741 par Charles Martel.*
**Chilperic II** (715 - 721)
**Thierry IV** (721 - 737)
**Carloman et Pépin** (741 - 743)
**Childeric III** (743 - 751)

### Carolingiens

**Pépin le Bref** (751 - 768)
**Charles et Carloman** (768 - 771)
**Charlemagne** (771 - 814)
**Louis Ier le Pieux** (814 - 840)
**Charles le Chauve** (843 - 877)
**Louis II le Bègue** (877 - 879)
**Louis III et Carloman** (879 - 884)
**Charles II le Gros** (884 - 888)
**Eudes** (888 - 898). *Élu roi, il interrompt la dynastie des Carolingiens.*
**Charles III le simple** (898 - 923)
**Raoul Ier** (923 - 936) *Frère d'Eudes, il interrompt aussi la dynastie carolingienne.*
**Louis IV d'Outremer** (936 - 954)
**Lothaire** (954 - 986)
**Louis V** (986 - 987)

### Capétiens directs

**Hugues Capet** (987 - 996)
**Robert II le Pieux** (996 - 1031)
**Henri Ier** (1031 - 1060)
**Philippe Ier** (1060 - 1108)
**Louis VI le Gros** (1108 - 1137)
**Louis VII le Jeune** (1137 - 1180)
**Philippe II Auguste** (1180 - 1223)
**Louis VIII le Lion** (1223 - 1226)
**Louis IX (Saint Louis)** (1226 - 1270)
**Philippe III le Hardi** (1270 - 1285)
**Philippe IV le Bel** (1285 - 1314)
**Louis X le Hutin** (1314 - 1316)
**Jean Ier le Posthume** (5 jours en 1316)
**Philippe V le Long** (1316 - 1322)
**Charles IV le Bel** (1322 - 1328)

### Valois directs

**Philippe VI** (1328 - 1350)
**Jean II le Bon** (1350 - 1364)
**Charles V le Sage** (1364 - 1380)
**Charles VI le Fou** (1380 - 1422)
**Charles VII le Victorieux** (1422 - 1461)
**Louis XI** (1461 - 1483)
**Charles VIII** (1483 - 1498)

# LES PLUS GRANDES VILLES FRANÇAISES À LA FIN DU XIIIe SIÈCLE

| Ville | Habitants |
|---|---|
| Paris | 150 000 |
| Rouen | 40 000 |
| Montpellier | 40 000 |
| Toulouse | 35 000 |
| Tours | 30 000 |
| Orléans | 25 000 |
| Strasbourg | 25 000 |
| Narbonne | 25 000 |
| Bordeaux | 20 000 |
| Lille | 20 000 |

**LA STRATÉGIE DE « L'ARAIGNÉE »**

Le roi de France Louis XI (1461-1483) parvient à agrandir le royaume aux dépens des princes. Son truc ? La stratégie de l'araignée. D'abord, il attire ses ennemis en leur promettant beaucoup et en leur offrant de l'argent. Puis, il les divise en les dressant les uns contre les autres. Enfin, il les prend au piège dans son immense toile d'araignée. C'est ainsi qu'il vient à bout de la révolte des princes coalisés contre lui en 1465 et étend son royaume sur les anciennes principautés.

## DES CHIFFRES POUR MIEUX COMPRENDRE LE MOYEN ÂGE

**50 millions** d'habitants en Europe occidentale (en 1300).
La France avec **14 millions** d'habitants au XIIIe siècle est la « Chine de l'Europe ».
**500 000** habitants à Constantinople au Xe siècle.
**200 000** habitants à Paris à partir du XIVe siècle.
**70** bibliothèques et **300** bains publics à Cordoue au Xe siècle.
Siège de Calais : la plus importante armée jamais réunie en Occident au Moyen Âge : **32 000** hommes.
**4/10e** des Européens sont morts de la Peste noire au début du XIVe siècle.
**240 000** bêtes sont tuées à Paris tous les ans pour nourrir les habitants de la ville.
**9/10** des Européens habitent la campagne.
**108** ans de peste (1348-1456)

## LA POPULATION DU ROYAUME DE FRANCE

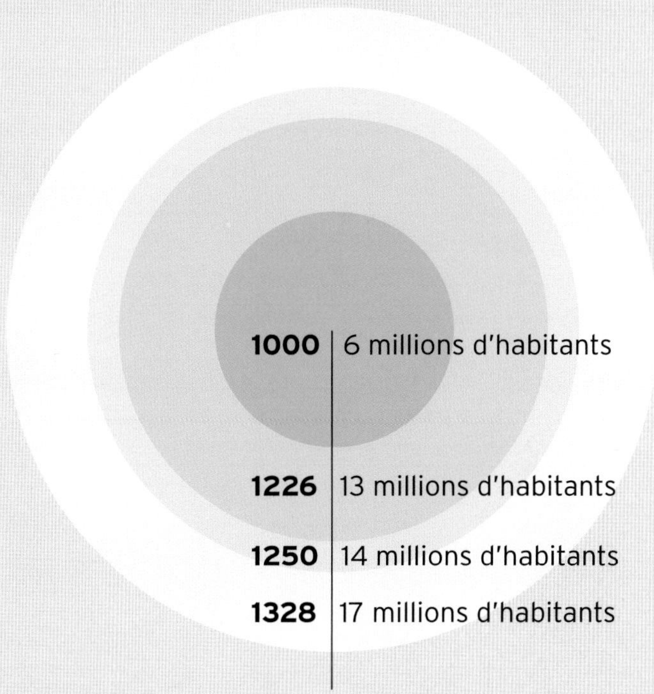


## LA POPULATION DE PARIS AU COURS DU MOYEN ÂGE

| Date | Habitants |
|---|---|
| IIIe siècle | 20 000 |
| 1100 | 20 000 |
| 1292 | 150 000 |
| 1320 | 250 000 |
| 1500 | 150 000 |

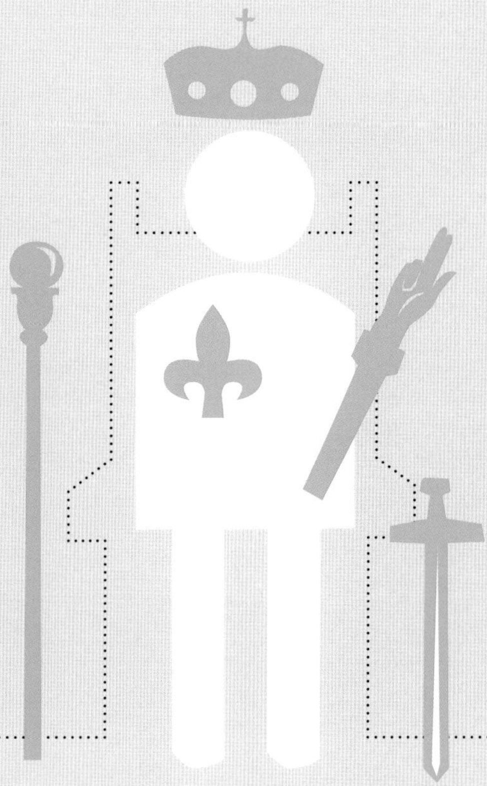

**LES SYMBOLES DES ROIS DE FRANCE**
*La couronne :* monarchie
*La fleur de lys :* royauté capétienne
*La main de justice :* pouvoir judiciaire
*L'épée du sacre :* pouvoir militaire
*Le sceptre :* pouvoir politique

## LE CALENDRIER DU PAYSAN

Tout au long de l'année, les paysans partagent le même calendrier agricole. 12 mois, 12 travaux différents en fonction du climat et du cycle des végétaux.

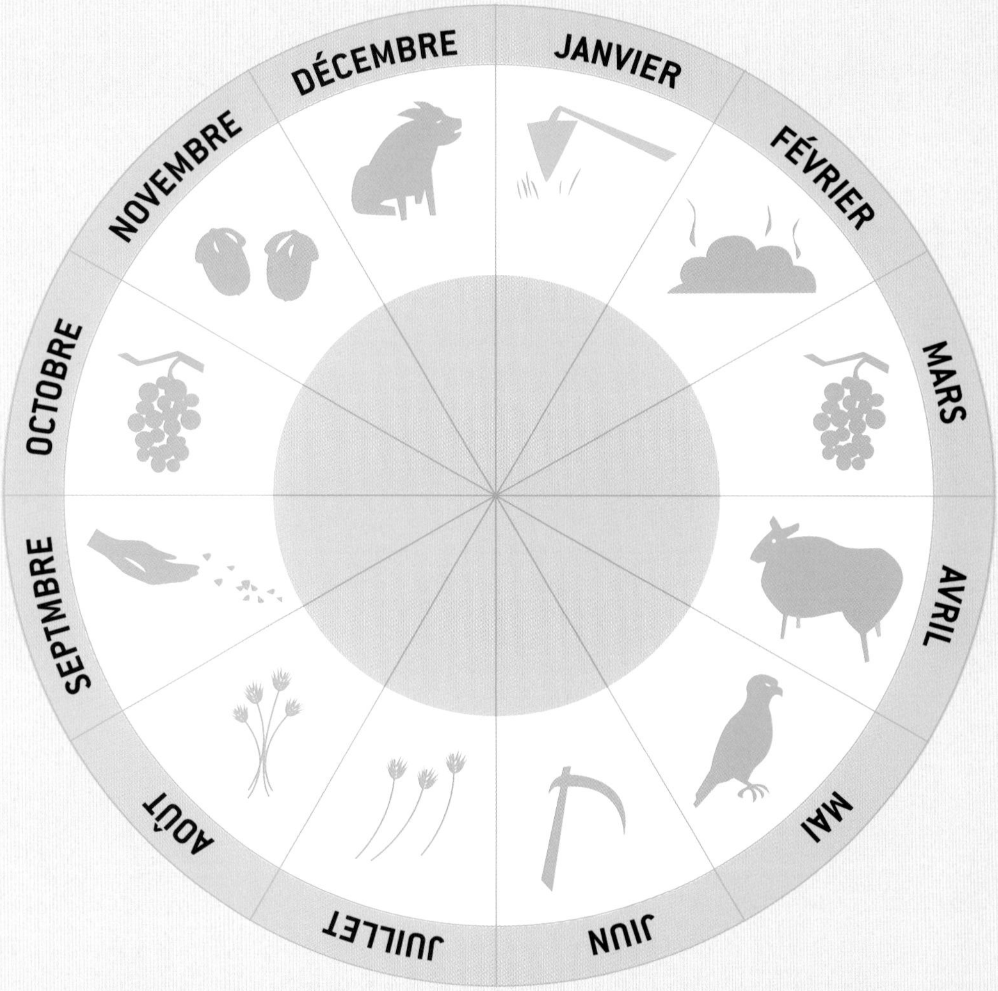


**Janvier :** Curer les fossés à la houe
**Février :** Répandre le fumier dans les champs
**Mars :** Tailler les vignes à la serpe
**Avril :** Tondre les moutons aux ciseaux
**Mai :** Le seigneur chasse au faucon
**Juin :** Faucher les champs
**Juillet :** Moissonner les épis en prenant soin de les couper à mi-hauteur. Le chaume servira de pâture aux troupeaux.
**Août** : Battre les blés au fléau pour séparer les grains des épis
**Septembre :** Semer à la volée
**Octobre** : Fouler aux pieds les grains de raisin
**Novembre :** Ramasser les glands au bâton. Si l'été a été trop sec, on abat le bétail. Novembre est alors le « mois sanglant ».
**Décembre** : Tuer le cochon

## QUELQUES CONSEILS POUR RÉALISER SON BLASON...

Pour composer son blason, il faut respecter certaines règles.
**Le choix des couleurs** (des émaux, en langue héraldique) est restreint : or, argent, azur (bleu), sinople (vert), sable (noir), pourpre (violet) ou gueules (rouge). Mais attention, il est interdit de mélanger le gueules avec l'azur, le sable et le sinople car ils appartiennent à la même famille de couleurs.
**Pour les motifs,** tout est possible, ou presque... Figures géométriques, léopards, lions, aigles, croix, croissants, coquilles Saint-Jacques, poissons, étoiles... et même un sein d'où coulent quelques gouttes de lait, comme sur le blason des Dodge of Stopford !
**Les écus** peuvent être divisés en quartiers en fonction des alliances des grandes familles.
Le record a été pulvérisé par les Lloyd of Stockton (323 quartiers !).
L'héraldique, c'est aussi un langage particulier, dont voici un petit lexique :
**Armé (d'azur) :** qui porte des griffes bleues
**Barre :** bande traversant un blason
**Dextre :** le côté droit d'un blason
**Huchet :** cor de chasse
**Lampassé (d'azur) :** quadrupède qui porte une langue bleue
**Passant :** se dit des animaux à quatre pattes représentés horizontalement
**Semé :** blason qui comprend un ensemble de petits motifs
**Sénestre :** le côté gauche d'un blason

## UN BEAU MARIAGE POUR L'ESPAGNE

L'Espagne au milieu du XV^e siècle ? Une mosaïque de 5 royaumes plus ou moins rivaux. Parmi eux, un État musulman, le royaume de Grenade. Pour unifier cet ensemble disparate, rien de mieux qu'un beau mariage. Les heureux élus : Isabelle et Ferdinand, les héritiers respectifs des royaumes de Castille et d'Aragon. Leur mariage en 1469 leur permet d'avoir une politique commune : l'unité politique et religieuse de toute l'Espagne. Ils conquièrent le royaume de Grenade et l'incorporent à la Castille. Vingt ans plus tard, l'unité de l'Espagne est réalisée.

## LE PREMIER TEXTE ÉCRIT EN FRANÇAIS !

En 842, deux petits-fils de Charlemagne, Charles le Chauve et Louis le Germanique, concluent un pacte : le Serment de Strasbourg. C'est le premier texte écrit en français ou plus précisément en roman, l'ancêtre du français.
Louis le Germanique s'adresse aux soldats de Charles le Chauve : « Notre salut commun, à partir d'aujourd'hui, tant que Dieu me donnera savoir et pouvoir, je secourrai ce mien frère Charles par mon aide et en toute chose, comme on doit secourir son frère, selon l'équité, à condition qu'il fasse de même pour moi, et je ne tiendrai jamais avec Lothaire aucune assemblée que, de ma volonté, puisse être dommageable à mon frère Charles. »

**LES ORDRES DE CHEVALERIE**

- Ordre de la Jarretière *Angleterre*
- Ordre de l'Étoile *France*
- Ordre de Saint-Michel *France*
- Ordre du Saint-Esprit *France*
- Ordre du Collier *Savoie (France)*
- Ordre de l'Hermine *Bretagne* (France)
- Ordre du Porc-Épic *France*
- Ordre de Saint-Hubert *Lorraine*
- Ordre de la Toison d'or *Bourgogne*

## LES HUIT CROISADES

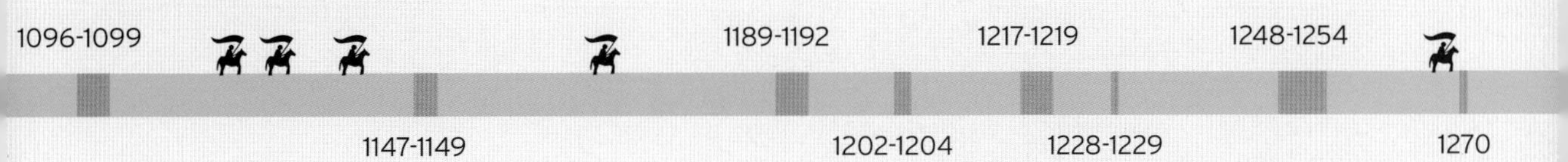

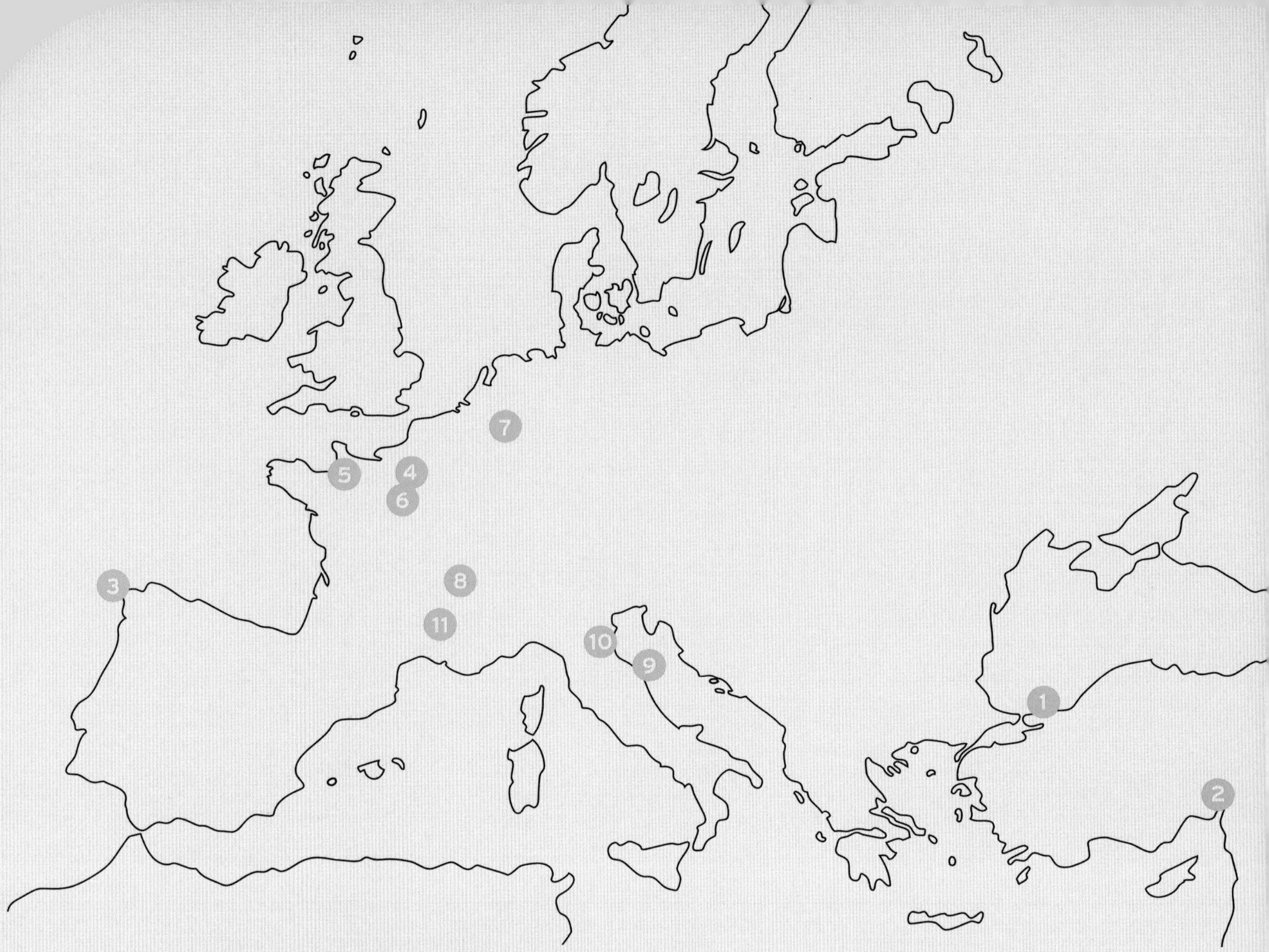


## UN PETIT TOUR D'EUROPE...

❶ **Église Sainte-Sophie.**
Une coupole d'un diamètre de 31 m qui culmine à 55 m de hauteur ! Construite entre 532 et 537 par deux architectes, Anthémios deTralles puis Isidore de Milet, elle restera la plus grande église du monde chrétien jusqu'au XVIe siècle !

❷ **Le krak des Chevaliers** en Syrie est la plus redoutable des forteresses croisées. Elle a été construite par l'ordre militaire des Hospitaliers, ces redoutables moines-soldats, entre 1150 et 1200. Elle pouvait abriter près de 2000 personnes. Une immense citerne ainsi qu'un aqueduc y ont été aménagés pour alimenter en eau ses habitants.

❸ **Saint-Jacques-de-Compostelle.**
Selon la tradition, les reliques de saint Jacques, l'un des 12 apôtres, sont retrouvées au IXe siècle sur les côtes espagnoles. Elles font très vite l'objet d'un pèlerinage. Elles sont renfermées dans une tombe placée sous l'autel.

❹ **Basilique Saint-Denis**.
Elle abrite le plus grand rassemblement de sépultures royales au monde.
Le roi Dagobert est le premier à s'y faire enterrer en 639. Tous les Capétiens sauf trois y reposent avec leurs reines et leur grand serviteur (Du Guesclin).
L'oriflamme rouge que le roi brandit lors des batailles y est laissés en période de paix.

❺ **Le Mont Saint-Michel**, la « Merveille de l'Occident ».
Son origine remonte au VIIIe siècle lorsque l'évêque d'Avranches, saint Aubert, fonda sur le mont Tombe deux églises. Mais, c'est aux XIe et XIIe siècles, que cette abbaye romane fut construite au sommet du rocher. Incendiée au XIIIe siècle, elle est reconstruite en style gothique. Au centre, son superbe cloître est perché entre le ciel et la mer.

❻ **Notre-Dame-de-Paris**
Sa construction commencée sous l'évêque de Paris Maurice de Sully

s'échelonne de 1163 à 1320. Sa façade est achevée en 1240. Elle est partagé en trois étages : celui des portails est surmonté par la galerie des rois de Juda, ancêtre de la Vierge, puis la grande rose de plus de 10 m de diamètre entre les deux baies et enfin, par delà la haute galerie à jour, les deux tours.

7 **Aix-la-Chapelle**. Charlemagne fait édifier sa résidence principale à partir de 794 jusqu'en 805. Il s'agit d'un vaste ensemble palatial dont il ne reste aujourd'hui que la chapelle Palatine (d'où le nom moderne d'Aix-la-Chapelle). Le plan du palais s'est inspiré des modèles romain et byzantin en particulier des églises de Ravenne.

8 **Cluny.** Les moines de Cluny veulent une église de la même longueur que celle de Saint-Pierre, dans l'ambition d'être une seconde Rome, soit 130 m. Et la voûte est élévée à 128 m.

9 **Ravenne**. Capitale de l'Italie byzantine au VI^e^ siècle, elle est dotée par Justinien de plusieurs églises. Celle de Saint-Vital, édifiée entre 532 et 547 sur un plan octogonal, possède de magnifiques mosaïques où sont représentés l'empereur Justinien et sa femme Théodora.

10 **Bologne** est la première ville d'Europe à transformer son école religieuse en université. Dès 1076, on étudie le droit puis vers 1200 la médecine et la philosophie

11 **Avignon,** la « cité des papes ». Sous le pontificat de Clément V (1305-1314), face à l'insécurité de Rome, la papauté se réfugie à Avignon où neuf papes se succèdent jusqu'en 1376. Ils y construisent un magnifique palais à l'architecture raffinée qui constitue l'un des meilleurs exemples du gothique français.

**VENISE CONTRE LES PIRATES**

Venise ne réussit à dominer la mer Adriatique qu'après avoir vaincu les pirates qui terrorisaient les côtes. Jusqu'à la fin du X^e^ siècle, ces derniers rackettaient les populations qui vivaient sur les côtes de la Dalmatie (actuelle Croatie). Un doge, Pietro Orseolo II, lança contre eux ses armées et les élimina. Pour commémorer cette victoire, les Vénitiens organisent, le jour de l'Ascension, une fête annuelle, « les Épousailles de la mer ». Juché sur un navire, le doge jette dans la mer un anneau d'or en disant : « O Mer, nous t'épousons en signe de souveraineté positive et perpétuelle ».

## CHACUN SA RÈGLE...

Les **moines irlandais** obéissent à une règle très sévère : la règle de saint Colomban. Elle repose sur la lecture et la prière. Au fil de leurs voyages, ces moines vont diffuser cette règle sur le continent européen.
Les **Bénédictins** suivent la règle de saint Benoît de Nursie. Hormis la prière, ils sont obligés de réaliser des travaux manuels (agriculture, menuiserie...) pour subvenir à leurs besoins.
Au XIII^e^ siècle, de nouveaux ordres apparaissent. Les **Franciscains** et les **Dominicains** ont des règles encore plus strictes. Une consigne : la pauvreté absolue. Une mission : prêcher la bonne parole dans toutes les villes. Pour survivre, les moines doivent quêter et mendier.

## LES BATAILLES DU MOYEN ÂGE

| Lieu et Date | Souverains | Forces en présences Caractéristiques | Issues et conséquences |
|---|---|---|---|
| **FONTENOY-EN-PUISAYE (Yonne)**<br><br>**25 juin 841** | Armée franque commandée par Charles II le chauve et Louis le germanique.<br>Armée franque dirigée par Lothaire | 150 000 hommes de chaque côté.<br>Lothaire est sur le point de l'emporter quand l'arrivée de renforts donne la victoire à Charles et Louis. | L'Empire de Charlemagne est définitivement divisé en 3 entre ses 3 petits-fils dont la Francie occidentale. |
| **HASTINGS (Sud de L'Angleterre)**<br><br>**14 octobre 1066** | Armée normande dirigée par le duc Guillaume.<br>Armée anglaise commandée par le roi Harold | *Armée normande:* 7 000 soldats, Normands et Bretons.<br>*Armée anglaise:* 7 500 hommes.<br>Les cavaliers normandsmettent en déroute les fantassins saxons. et le roi Harold est tué. | Guillaume est couronné roi d'Angleterre et va diffuser dans ce pays la langue et les lois normandes. |
| **LAS NAVAS DE TOLOSA (Province de Jaen, Espagne)**<br><br>**16 juillet 1212** | Armée espagnole commandée par Alphonse VIII de Castille, Pierre II d'Argon et Alphonse IX de León.<br>Armée arabe dirigée par le prince Yaqub ben Yusuf | *Armée espagnole:* 60 000 Castillans, 50 000 Aragonais et Catalans, 50 000 Leónais et 50 000 alliés français.<br>*Armée arabe:* 200 000 hommes environ. | Victoire décisive des Espagnols qui ouvre la voie à la reconquête du sud de l'Espagne. |
| **BOUVINES (Flandre)**<br><br>**27 juillet 1214** | Armée française commandée par Philippe Auguste.<br>Armée alliée dirigée par Othon IV, empereur germanique, Ferrand, comte de Flandre, le comte de Boulogne et des contingents anglais. | *Armée française:* 20 000 hommes dont la moitié provenant des milices communales.<br>*Armée alliée:* 25 000 soldats dont plus de 3 000 chevaliers lourdement armés.<br>Tour à tour, l'empereur Otton IV et Philippe Auguste furent mis en danger et faillirent périr. | Victoire décisive des Français.<br>La France devient une véritable nation bien unifiée. |
| **CRÉCY (Picardie)**<br><br>**26 août 1346** | Armée française dirigée par Philippe VI.<br>Armée anglaise commandée par Edouard III. | *Armée française:* 30 000 à 40 000 hommes.<br>*Armée anglaise:* 12 000 hommes.<br>Rôle décisif des archers gallois et indiscipline des chevaliers français | Défaite totale des Français.<br>Perte du nord de la France (en particulier Calais). |

| Lieu et Date | Souverains | Forces en présences Caractéristiques | Issues et conséquences |
|---|---|---|---|
| **POITIERS**<br><br>**19 septembre 1356** | Armée française commandée par Jean II le Bon. Armée anglaise dirigée par le Prince noir. | *Armée française:* 15 000 chevaliers.<br>*Armée anglaise:* 7 000 hommes.<br>Rôle décisif des archers gallois et indiscipline des chevaliers français. | Défaite française humiliante, le royaume perd un quart de ses territoires au traité de Brétigny (1360). |
| **COCHEREL (Normandie)**<br><br>**13 mai 1364** | Armée française commandée par le connétable Bertrand du Guesclin. Armée anglaise et navarraise dirigée par le Captal de Buch. | *Armée française:* environ 6 000 combattants.<br>*Armée anglaise et navarraise:* 6 000 hommes.<br>Première fois où l'armée française choisit de manœuvrer (fuite déguisée…). | Première victoire française et début de la reconquête des territoires perdus. |
| **AZINCOURT (Pas de Calais)**<br><br>**25 octobre 1415** | Armée française dirigée par le connétable Charles d'Albret. Armée anglaise commandée par le roi Henri V. | *Armée française:* 30 000 à 45 000 hommes.<br>*Armée anglaise :* plus de 11 000 hommes :<br>1 000 chevaliers,<br>6 000 archers,<br>5 000 fantassins.<br>Indiscipline des chevaliers français. | Désastreux traité de Troyes (1420). La France est découpée en 3. Le royaume est réduit au Midi de la France et le dauphin Charles n'est plus que le « pauvre petit roi de Bourges ». |
| **SIÈGE D'ORLÉANS**<br><br>**8 mai 1429** | Armée française de secours commandée par Jeanne d'Arc. Armée anglaise dirigée par Thomas Montaigu puis John Talbot. | *Armée française:* 6 400 soldats, 3 000 habitants en armes.<br>*Armée anglaise:* 5 000 hommes.<br>Première intervention de Jeanne d'Arc, les troupes françaises reprennent confiance en elles. | Victoire française. Orléans dégagée, Charles VII peut être sacré à Reims. |
| **CASTILLON (Aquitaine)**<br><br>**17 juillet 1453** | Troupes françaises commandées par le comte de Penthièvre. Armée anglaise commandée par John Talbot. | *Armée française:* 8 000 à 13 000 hommes.<br>*Armée anglaise:* 4 000 à 6 000 hommes.<br>Rôle important et effrayant de l'artillerie. | Victoire française dont la conséquence est la fin de la guerre de Cent Ans. |

## SITES WEB

**www.curiosphere.tv/moyenage**
Un site fait pour les plus jeunes afin de s'initier aux grands thèmes du Moyen Âge.

**www.les-andelys.com/chateau-gaillard/gaillard.htm**
Le site du château fort de Château Gaillard, le château de Richard Cœur de Lion. Pour tout savoir sur son histoire et son architecture.

**www.jeanmichel.rouand.free.fr/chateaux/armes/armes.htm**
Le site d'un passionné d' armes médiévales : arcs, heaumes, arbalètes, épées, lances, haches. Pour devenir incollable sur le sujet !

**www.art-roman.net**
Pour tout savoir sur l'art roman en France, région par région.

## LIEUX

**MONUMENTS GOTHIQUES :**

- Notre-Dame de Chartres
- Saint-Étienne de Bourges
- Notre-Dame de Reims
- Notre-Dame d'Amiens
- Notre-Dame de Paris
- Notre-Dame de Rouen
- Notre-Dame de Strasbourg
- Saint-Étienne de Metz
- Sainte-Cécile d'Albi
- Sainte-Chapelle
- Le Mont-Saint-Michel
- Les hospices de Beaune

**ÉGLISES ROMANES :**

*La France fourmille d'églises, abbayes et abbatiales romanes; en voici quelques-unes :*

- Vézelay
- Abbaye d'Issoire
- Abbaye de Sénanque
- Abbaye du Thoronet
- Abbaye de Silvacane
- Abbaye de la Chaise-Dieu
- Abbaye de Cluny
- Abbatiale de Sainte-Foy de Conques
- Église de Saint-Nectaire

**CHÂTEAUX FORT :**

**Château-Gaillard** (27)
*Les Andelys, France*
Visite les ruines d'un véritable château fort d'époque.

**Château de Guédelon** (89)
Ce projet démarré en 1997 devrait prendre 25 ans. 50 ouvriers ont entrepris de construire un château avec les matériaux et les techniques médiévales. La visite du site permet de comprendre les méthodes et de voir l'évolution du château.

**NÉCROPOLES DES ROIS DE FRANCE :**

**Abbaye de Saint-Denis** (93)
42 rois et 32 reines de France y ont été enterrés.

**Abbaye de Fontevrault** (49)
C'est là que reposent Richard Cœur de Lion et sa mère Aliénor d'Aquitaine.

## MUSÉES - VISITE

**Musée national du Moyen Âge (thermes et hôtel de Cluny)**
Visite des thermes, du jardin médiéval. Ce musée renferme parmi les plus belles œuvres d'art du Moyen Âge comme les tapisseries de la Dame à la licorne, les têtes des rois de France sculptées sur la cathédrale Notre-Dame de Paris, des vitraux, des enluminures, etc.

**Ville de Provins**
Ancienne cité marchande des foires de Champagne aux XIIe et XIIIe siècles. Nombreux monuments à visiter et spectacles médiévaux à découvrir.

**Musée de la tapisserie de Bayeux**
Classée «Mémoire du Monde» par l'UNESCO, la Tapisserie de Bayeux (Calvados) est une broderie, longue de 70 m, réalisée au XIe siècle. Célébrant la conquête de l'Angleterre par Guillaume, duc de Normandie, cette toile de lin a probablement été brodée par des moines dans le sud de l'Angleterre après la bataille d'Hastings le 14 octobre 1066.

## FILMS ET SÉRIES

**Shrek**
*Film d'animation, DreamWorks (2001)*
L'ogre Shrek vole au secours de la princesse Fiona pour le compte du vil seigneur Farquaad.

**Merlin l'enchanteur**
*Wolfgang Reitherman des studios Walt Disney (1963)*
La légende d'Arthur revisitée par Disney. Merlin, son hibou savant Archimède, le terrible Kay, l'horrible madame Mim et le jeune avorton Arthur sont les acteurs de ce mythe.

**Robin des bois**
*Wolfgang Reitherman des studios Walt Disney (1973)*
Ce dessin-animé s'inspire à la fois de Robin des bois et du Roman de Renart.

**Ivanhoé**
*Richard Thorpe (1952)*
Pendant que Richard Cœur de Lion est en Palestine, le trône d'Angleterre a été usurpé. Un jeune prince de retour de croisade se bat pour reconquérir son honneur et le cœur de sa belle.

**Excalibur**
*John Boorman (1981)*
Indémodable, ce film narre l'épopée d'Uther et de son fils Arthur Pendragon pour l'unification de la terre de Grande-Bretagne. Musiques tirées du répertoire de Richard Wagner.

**Kaamelott**
*Alexandre Astier et Jean-Yves Robin (2005)*
Série parodique de la légende arthurienne : la Table ronde ne compte que des chevaliers couards, désordonnés, sanguinaires ou complètement stupides.

**Monty Python : Sacré Graal !**
*Terry Jones et Terry Gilliam (1975)*
Dans l'esprit des Monty Python, une comédie loufoque entrecoupée de séquences d'animation absurdes.

**Les aventures de Robin des bois**
*Michael Curtiz avec Errol Flynn (1938)*
Ce film est devenu un grand classique, à voir et à revoir en famille.

## JEUX

### JEUX VIDÉO

**Medieval : Total War**
*The Creative Assembly, août 2002*
Jeu de stratégie visant à l'établissement d'un empire. Les batailles en temps réel ont pour enjeu le contrôle des provinces d'Europe et du pourtour méditerranéen.

**Assassin's Creed**
*(Ubisoft, 2007) PS3, Xbox 360, PC, Nintendo DS*
Altaïr Ibn La-Ahad, un assassin d'élite, affronte l'Ordre des Templiers pendant la IIIe croisade. Le Credo de l'assassin ? « Jamais l'épée ne versera le sang d'un innocent. »

### JEUX DE RÔLE

**Donjons et dragons**
*Créé par E. Gary Gygax et Dave Arneson dans les années 70*
Jeu de rôle médiéval-fantastique.

## LIVRES

**Yvain ou le chevalier au lion**
**Lancelot ou le chevalier à la charrette**
**Perceval ou le Conte du Graal**
*Chrétien de Troyes*

**Le Roman de la rose**

**Le Roman de Renart**

**Le Seigneur des anneaux**
*J. R. R. Tolkien*

### BANDES DESSINÉES

**Prince Vaillant**
*Harold Foster, Éditions Glenat*

# TABLE DES ILLUSTRATIONS

**01:** Joseph Noël Sylvestre (1847-1926), *Le Sac de Rome par les barbares en 410* (huile sur toile, 1890, 197 x 130 cm) Sète, Musée Paul Valéry Photo du musée. **02:** Buire de Lavoye, Ve siècle, bronze et tôle. Saint-Germain-en-Laye, Musée d'archéologie nationale. © RMN/Gérard Blot. **03 :** Maître de Saint-Gilles, *Le Baptême de Clovis*, panneau d'autel sur bois, vers 1500; Washington, National Gallery of Art © AKG. Échiquier : montage Alex Viougeas, pièces d'échecs Shutterstock © Harris Shiffman. **04 :** *L'Empereur Justinien et sa suite*, mosaïque, avant 547. Ravenne, San Vitale, mur nord de l'abside. © Nimatallah/AKG. **05 -gauche :** *Merlin l'Enchanteur*, dessin animé de Walt Disney, 1963. © BCA/Rue des Archives.**-milieu (et reprise détail bas) :** Galahad est présenté aux chevaliers de la Table Ronde, enluminure, extrait du *manuscrit de Gautier de Map*, 1350. Paris, Bibliothèque nationale de France. © AKG. **-droite:** Film *King Arthur* (Le Roi Arthur) de Antoine Fuqua, 2004, avec Clive Owen. © BCA/Rue des Archives **-bas droite :** Livre ouvert. © Shutterstock **06 :** Scène de la vie de Mahomet. Miniature turque, XVIe siècle, Istanbul, Bibliothèque du Sérail du Topkapi. © Gérard Degeorge/AKG. **07 :** Le feu grégeois, manuscrit byzantin, vélin. Madrid, Musée du Prado. © Bridgeman-Giraudon. **08 :** Vue intérieure de la mosquée de Cordoue. Ph. © Jean-Louis Nou/AKG Carte Image extraite du jeu vidéo "Total War Medieval II". © The Creative Assembly. **09-haut :** Charles de Steuben *La Bataille de Poitiers*, huile sur toile, 1837. Versailles, Musées du château et des Trianons. © RMN/Droits réservésRMN / Droits réservés. **-bas :** *Portrait de Charles Martel*, gravure, XIXe siècle, collection privée. © Bianchetti/Leemage. Martel : shutterstock © Mark William Penny. **10 :** Combat de deux soldats armés à cheval, *manuel de pratique militaire et d'équitation* par Al-Aqsara'i, 1371, Londres, The British Library © Heritage Images/Leemage Voiture de Formule 1 : shutterstock © Pieter Janssen. **11 :** Gustave Doré, *La Brèche de Roland*, gravure, 1860. © Gusman/Leemage. **12 :** Images extraites du jeu vidéo "Total War Medieval II". © The Creative Assembly. **13 :** Éléphant, manuscrit « Dicta Chrysostomi », 1280, Londres, British Library. © Heritage Images/Leemage. **14 :** Rafael Monleon y Torres, Drakkars Vikings du roi Olaf de Norvège à la fin du Xe siècle, aquarelle, fin XIXe siècle. Madrid, Musée naval. © Collection Dagli Orti/The Picture Desk. **15 :** *Couronnement de Charlemagne* (742-814) (Charles Ier dit Charles le Grand 742-814) en 800 par le Pape Leon III dans la cathédrale saint Pierre de Rome, Miniature tirée des *Chroniques des Empereurs* de David Aubert, 1462. Paris, Bibliothèque de l'Arsenal © Luisa Ricciarini/Leemage. **16 :** William Gersham Collingwood (1854-1932), *Fondation du parlement islandais à Thingvellir en 930*, huile-sur-toile, collection privée. © Bridgeman-Giraudon. Carte Image extraite du jeu vidéo "Total War Medieval II". © The Creative Assembly. **17 :** *Otton Ier recevant l'hommage des nations*, Chantilly, Musée Condé. Maître du Registrum Gregorii (Xe siècle). Ph. © RMN. **18 et 19 :** photo Alex Viougeas. **20 :** Grèce, mont Athos, monastère de Agiou Pavlou © Philip Haarmann/Shutterstock. Carte Image extraite du jeu vidéo "Total War Medieval II". © The Creative Assembly. **21-gauche :** Maître de la vie de Saint Denis, « On revêt le roi de la tunique, du manteau et de la couronne sur laquelle tous les pairs posent les mains »; l'archevêque l'embrasse, enluminure, 1250. Paris, Bibliothèque nationale de France. **-bas :** Maître de la vie de Saint Denis, Le roi prêt serment entre les mains d'un évêque, enluminure, 1250. Paris, Bibliothèque nationale de France. **-droite :** Charles de Steuben, Portrait de Hugues Capet, huile sur toile, vers 1837. Versailles, musée du château. Ph. © RMN/Droits réservés. **22 :** Château de cartes Alex Viougeas/ Gallimard Jeunesse. **23 :** Images extraites du jeu vidéo "Total War Medieval II". © The Creative Assembly. **24 et 25 :** Images Alex Viougeas/ Gallimard Jeunesse. **26 :** Images extraites du jeu vidéo "Total War Medieval II". © The Creative Assembly. **27 :** Château de Vitré (Bretagne) © Gallimard Loisirs, Philippe Biard. **28 :** Images extraites du jeu vidéo "Total War Medieval II". ©The Creative Assembly. **29 :** *Le livre de la chasse* de Gaston Phébus: sangliers dans les bois, piège à loup près d'une ferme, chasse au loup; ours : *Livre des Merveilles*, BN. **-milieu droite :** *Shrek 2* de Andrew Adamson, 2004. © BCA/Rue des Archives. Carte extraite du jeu vidéo "Total War Medieval II". © The Creative Assembly. Autres docs, archives Gallimard.
**30-haut gauche :** Détail de la tapisserie de Bayeux, 1077, Le Duc de Normandie Guillaume le Conquérant fait chevalier Harold qui prête serment de fidélité sur deux reliquaires. Bayeux, Musée de la tapisserie. © Josse/Leemage. **-haut milieu :** Détail de la tapisserie de Bayeux, 1077, Harold retourne en Angleterre et rend visite au roi Edouard, et La mort du roi Edouard. Bayeux, Musée de la tapisserie. © Bridgeman-Giraudon. **-milieu :** Détail de la tapisserie de Bayeux, 1077, Le Départ en Angleterre. Bayeux, Musée de la tapisserie. © Scala. **-bas :** Détail de la tapisserie de Bayeux, 1077, Attaque des Anglais par les Normands. Bayeux, Musée de la tapisserie. © Bridgeman-Giraudon. **31-haut :** Jean Fouquet, Le Pape Urbain II prêchant la Croisade, enluminure du XVe siècle, Paris, Bibliothèque nationale de France. © Aisa/Leemage; **-bas :**, Première croisade : le siège et la prise de Jérusalem par les croisés, miniature tirée des *Chroniques d'Outre mer*, XIVe siècle. Paris, Bibliothèque nationale de France. © Josse/ Leemage. **32-33 :** © Fragile Multimédia, les éditions Fragile, 2008. **34 :** Statue reliquaire de Sainte Foy, fin du IXe siècle, âme de bois, argent doré, or et pierres précieuses. Conques, abbatiale Sainte-Foy. © Erich Lessing/AKG. **35 :** Images extraites du jeu vidéo "Total War Medieval II".

© The Creative Assembly. **36 :** Maître Renart prêchant devant deux poules et une oie (détail), miniature tirée d'un psautier, 1310-1320. Londres, British Library. © Heritage Images/Leemage. **37 :** Antonio Canaletto, *Le Pont de l'Arsenal* à Venise, 1730. Angleterre, abbaye de Woburn. © Luisa Ricciarini/Leemage; Carte extraite du jeu vidéo "Total War Medieval II". © The Creative Assembly. **38-haut :** C. Siedentopf d'après Karl Friedrich Lessing, Frédéric Ier Barberousse, gravure de 1847. ©AKG ; **-bas :** Francesco Bassano, *Rencontre entre le pape Alexandre III et le doge Sebastiano Ziani*, huile sur toile, 1572. Venise, Palais des Doges, salle du conseil des Dix. © Cameraphoto/AKG; Leemage 97002. **39-haut :** *Livre d'Heures des Ducs de Bourgogne*, Le Mois de septembre, enluminure, 1450. Chantilly, musée Condé. © AKG. **-bas :** Borne du chemin de Saint Jacques à Moustey, Landes. © Philippe Roy/ Hoa-Qui/Eyedea. Carte extraite du jeu vidéo "Total War Medieval II". © The Creative Assembly. **40 :** légende et crédit du tableau.**-milieu :** Auguste Sandys, *La Reine Aliénor d'Aquitaine*, huile sur toile, 1858. Cardiff, National Museum and Gallery of Wales. © Bridgeman-Giraudon **-droite :** Joseph Merry Blondel (1781-1853), *Richard Ier Cœur de Lion*, huile sur toile, 1841. Versailles, château de Versailles et de Trianon. © RMN/ Gérard Blot. **41-gauche :** Troisième croisade : la prise de Jérusalem par le sultan Saladin, miniature tirée de « Chronique abrégée » de David Aubert, XVe siècle. Paris, Bibliothèque de l'Arsenal. © Josse/Leemage **-droite :** Cristofano del l'Altissimo, *Portrait de Saladin Ier*, huile sur toile, XVIe siècle. Florence, Galerie des Offices. © Collection Dagli Orti/The Picture Desk. **-bas :** Sabre militaire turc, période ottomane, acier, galuchat, or. New York, The Metropolitan Museum of Art. © Image of the MMA Metropolitan Museum of Art, Dist.RMN. **42-centre :** Cloître de Monreale, Sicile © AKG ; Cathédrale de Monreale © Adam Woolfitt/Corbis. **42-droite :** Italie, Sicile, cathédrale de Cefalu ©Cuboimages/Leemage. **42-centre-haut :** Christ Pantocrator : © Imagestate/Leemage. Carte extraite du jeu vidéo "Total War Medieval II". © The Creative Assembly. **43 :** Les soldats encerclent Constantinople, enluminure, école espagnole du XIIIe siècle. Madrid, Bibliothèque du monastère de l'Escorial. © Bridgeman-Giraudon. **44:** Philippe le Bel et sa famille, extrait du Livre de Kalila et Dimna, 1313, Paris, Bibliothèque nationale de France. **45 :** Vue de Paris au Moyen Âge, gravure. © Roger-Viollet. Chimère, cathédrale Notre-Dame. Paris, carte postale, vers 1900 © Roger-Viollet. Carte extraite du jeu vidéo "Total War Medieval II". © The Creative Assembly. **46, 47 et 48 :** Photos Alex Viougeas **49 :** Tenture de la Dame à la Licorne : la vue. Tapisserie de laine et de soie réalisée entre 1484 et 1500 provenant du château de Boussac dans la Creuse. Paris, Musée national du Moyen Âge, Thermes de Cluny. Ph. © Franck Raux/RMN. **50-haut :** Cour des lions, Alhambra, Grenade. © Paco Ayala/AGE Fotostock/Hoa-Qui; **-bas :** Léon-Auguste Asselineau, La cour des Lions, lithographie en couleurs, 1853. Collection privée. © Bridgeman-Giraudon; Carte extraite du jeu vidéo "Total War Medieval II". © The Creative Assembly. **51-droite :** Alphonse X le Sage ou le Savant, miniature tirée de *Cantiques de Sainte Marie*, XIIIe siècle. Bibliothèque royale du monastère de San Lorenzo de El Escorial. © Aisa/ Leemage; **-gauche :** Ferdinand III de Castille, détail d'une miniature du manuscrit « Index des privilèges royaux », XIIIe siècle. Archives de la cathédrale de Saint-Jacques-de-Compostelle. © Prisma Archivo/Leemage. **52-haut :** Divers extraits du *Livre des merveilles* de Marco Polo : bateau amenant les marchands faisant commerce de la soie et des épices, monstres avec le visage au milieu de la poitrine, un seul pied, monstre ailé de la province de Carajan, acquittement des taxes levées par le grand Khan, vue imaginaire de l'Égypte © BN; **-bas :** Livre ouvert © Shutterstock. **-haut :** Charles VI, miniature tirée du *Recueil des rois de France* de Jean du Tillet, vers 1555-1566. Paris, Bibliothèque nationale de France; **-bas :** Philippe le Bel et sa famille, extrait du *Livre de Kalila et Dimna*, 1313, Paris, Bibliothèque nationale de France. **54 :** La Bataille de Crécy, manuscrit enluminé du XVe siècle. Paris, Bibliothèque nationale de France. © Bridgeman-Giraudon. **55-gauche :** Rat noir. ©Shutterstock : Kapu; **-bas :** La Peste à Tournai, enluminure de manuscrit flamand du XIVe siècle. © The Granger Collection/ Rue des Archives; **-milieu :** *Triomphe de la mort lors d'épidémies de peste*, gravure © Photos12. com/Hachedé; **-droite en haut :** Chirurgien et pestiféré, gravure, © AKG Archives Gallimard. **56 :** Siège d'Orléans par les Anglais en 1429, enluminure tirée du manuscrit de Matthias d'Auvergne « Vigiles de Charles VII », 1489. © Tal/ Rue des Archives. **57-haut :** Franck Craig, *La Pucelle !* Jeanne d'Arc à la tête de son armée, huile sur toile, 1907. Paris, Musée d'Orsay. © Erich Lessing/AKG. **-bas :** Jeanne d'Arc, image pieuse du XIXe siècle © Mary Evans/Rue des Archives. **58 et 59 :** Images extraites du jeu vidéo "Total War Medieval II". © The Creative Assembly. **60-gauche :** Bateau de 1498, céramique de l'école de Sagrès. Lisbonne, Musée de la marine. © Collection Dagli Orti/The Picture Desk. **-milieu gauche :** © Shutterstock/ Nikolay Okhitin. **-milieu droite :** Jost Amman, *L'Imprimeur*, gravure sur bois de 1568. © AKG. **-droite :** Le Siège de Constantinople en 1453, enluminure, école française du XVe siècle, Paris, Bibliothèque nationale de France. © Bridgeman-Giraudon